艺术是永远的情人

——与一群文艺家相遇在古驿

李云◎著

成都时代出版社
CHENGDU TIMES PRESS

图书在版编目（CIP）数据

艺术是永远的情人 / 李云著. —成都：成都时代出版社，2017.12

ISBN 978-7-5464-1957-2

I. ①艺… II. ①李… III. ①艺术家－访问记－龙泉驿区－现代 IV. ①K825.7

中国版本图书馆CIP数据核字（2017）第260605号

艺术是永远的情人

YISHU SHI YONGYUAN DE QINGREN

李云 著

出品人 石碧川

责任编辑 李卫平

责任校对 张 巧

封面设计 欧德柳

装帧设计 邹其兰

责任印制 唐莹莹

出版发行 成都时代出版社

电 话 （028）86742352（编辑部）

（028）86615250（发行部）

网 址 www.chengdusd.com

印 刷 成都市金雅迪彩色印刷有限公司

规 格 170mm×240mm

印 张 17

字 数 240千

版 次 2017年12月第1版

印 次 2017年12月第1次印刷

书 号 ISBN 978-7-5464-1957-2

定 价 48.00元

序

龙泉山上有神仙

卢加强

成都西有青城山，东有龙泉山。青城山因道教而驰名天下，龙泉山脉却是川东南进入成都的门户。以前，交通不方便，翻越龙泉山，上山下山就得一两个小时，过往车辆都得在龙泉山停息，或吃一餐饭或留宿一夜再出发，因而，龙泉驿作为古蜀道上的一个重要驿站而享有盛名。

近年龙泉驿车城、龙泉驿桃花又让龙泉驿在中国汽车制造和中国现代田园综合体上成为国人瞩目的高地。

汽车、桃花以外，一批艺术家、作家、诗人伴山而居，隐居桃源，潜心于艺术修行。

本书作者李云女士，以女性观察家的慧眼和成熟作家的兰心，对藏于龙泉驿的26位画家、书家、摄影家、作家、诗人等一一叩门拜访，探寻细究其艺术历程、艺术思想、艺术操守、艺术风格，或访谈笔录一问一答，或散文畅怀亦叙亦议，或文艺评论引经据典，行笔于自然朴实中流露才情，文章于清新率真中闪现思想。

作者没有故意拔高采写对象，无虚妄的溢美之词，无世俗化的桂冠标签，以自己的真诚去获得艺术家的真诚，把一个个有血有肉、个性十足的艺术家生动活泼、“千姿百态”的形象展现在读者面前，从读其人到读其文，从人品到文品、艺品。

这26名文艺家中有的我认识，有我敬重的国内知名大家白德松先生、邱笑秋先生、姚思敏女士，也有正在省内外崭露头角的艺术新秀吴晓东先生、刘唐先生等等。在26名文艺家的身上，读者可以感知到艺术的真谛，感知到一方水土养一方人，感知到龙泉驿的地脉对文脉的滋养。

唐朝“蜀漂”诗人贾岛在他的《寻隐者不遇》中写道：“松下问童子，言师采药去。只在此山中，云深不知处。”古时候寻找一个深山中的隐者是如此艰难，今天是互联网时代，寻隐者相对容易。

作家李云因着一份对定居龙泉驿的“文艺隐者”的情怀，以数据联系、以情感联系、以文章联系，寻找到藏于不同地方的26位文艺家并一一介绍给读者，既让文艺家在龙泉驿有了艺术港湾的感受，又给热爱艺术的人们画出了一幅龙泉驿“艺术家导览图”。

“山不在高，有仙则名。”这些依山而修行的艺术家让龙泉驿有了灵气、文气。浪漫派诗人荷尔德林说，“人诗意地栖居在大地上”，艺术家们的灵气与文气正是荷尔德林所言的诗意。“对诗人来说，至高无上与神圣本是同一种东西，即澄明。她是万乐之源，因此又是‘极乐’”。艺术家们在龙泉驿找到了自己精神的乐园，人们因为艺术家的启迪而让自己碎片化、刻板化、功利化的生活而有了源头活水。只有当人们知道了艺术，懂得了欣赏，人们才会在一阵迎面吹来的风、一场不期而遇的雨、一片夜半敲门的月光中，感受到美的沐浴和心灵的问候。

不管你是什么职业，不管你从生活的哪个原点出发，向艺术走近，正是你诗意栖居的开始，是你心身与自然的相通相融。龙泉驿的桃花既盛开自然之花，又盛开科技之花、艺术之花。

因为李云《艺术是永远的情人》这一部书的出版，明年春天，当你再来桃花山时，龙泉山的桃花将会开得更艳更美吧。

（卢加强：四川省艺术院院长、评论家、博士）

CONTENTS

画家邱笑秋

【艺术简介】

国家一级美术师、中国美术家协会会员、中国戏剧家协会会员、中央文史研究馆书画院研究员、四川省人民政府文史研究馆馆员、四川香格里拉彩墨画研究院院长。1935年生于四川成都。七岁学画，先花鸟后人物，主攻山水。18次进藏，创作了大量反映雪域高原的彩墨山水画。创建四川香格里拉彩墨画研究院。在国内多个城市及俄罗斯、纽约曼哈顿亚洲文化中心、维也纳联合国总部举办画展，并在耶鲁大学做学术报告。出版有多部画集、选集、作品集。部分作品被中国美术馆、西藏博物馆和上海图书馆收藏并陈列于中南海、人民大会堂等场所。

热爱美 发现美 表现美 分享美

——著名画家邱笑秋先生访谈录

成都冬日里一个难得的艳阳天，太阳驱散了浓重的雾霾，人们的心情为之一亮，感觉像一个节日。在这样一个冬日的暖阳里，我依约叩开了邱笑秋先生位于龙泉驿百工堰入口的古堡大门。

邱老1993年在此修建别墅，用的是紫色的石料，故他给别墅起了个别名——紫堡。算起来他已在紫堡居住了24年。逐级上得蜿蜒的石梯，两旁鲜花夹道，在他家猛犬的狂吠声中，我顾不得赏景，惊骇快速地闪入紫堡，幸而邱老早已打开了门扉。

室内安装了暖气，暖融融的，邱老着春装，80岁的人如同壮年一般，气色相当健康，言谈相当敏捷，头脑相当清醒。我疑心这世上真有特殊材料做成的人，邱老正是。

——采访小记

邱笑秋作品 西蜀藏珍

邱笑秋作品 眷恋香格里拉

〔李云〕尊敬的邱老，您好！您出生在龙泉驿西河镇，是龙泉驿屈指可数的本土艺术家。您的艺术创作成就斐然，是龙泉驿的骄傲，是龙泉驿的一张文化名片。您能否向读者介绍一下您的成长历程？

〔邱笑秋〕我1935年出生在成都市区，父亲是龙泉驿西河镇人，母亲是郫县犀浦镇人。我母亲是劳动妇女，父亲是工人。我是农民的儿子、工人的儿子。

当年龙泉、洛带隶属内江地区，大面、十陵、西河属华阳县。因此我曾是华阳人，现在是成都人、龙泉驿人。我这一代是土生土长的龙泉驿西河镇人。西河镇的邱伦阔是我侄孙，按辈分，他喊我满叔公。

我大伯是一个钳工，军阀混战时期在造枪的兵工厂工作，是当时工人的小领袖，后被军阀杀害了。大伯引荐我父亲也进了该厂。

我父亲12岁学车工，是成都第一代产业工人。后被车床的铁屑伤了眼睛，靠自己开一家小饭馆谋生。

我母亲生了13个孩子，我是老幺。健康长大的只有一个姐姐、一个哥哥和我。我们兄弟姊妹情深。我受哥哥的影响很大，可以说是哥哥把我引上艺术之路的。

我哥哥是民国时期成都《新新新闻》《蜀报》《华西晚报》等几家报社的编辑、记者，思想进步，多才多艺，能写会画，是个篆刻家，水平很高，自己在成都大宾馆里还开有刻印铺，笔名叫“公孙四郎”。《义勇军进行曲》是哥哥教会我唱的，我每次唱都很激动。

我的名字邱笑秋也是哥哥给我起的，别人还以为是我的笔名，其实是我的大名，三岁后我就用这个大名了。我是农历九月十六出生的，正值秋天，笑秋，意思是“为生而乐”，我的个性也受名字影响，一生快乐。

〔李云〕您回到故乡龙泉驿20多年了。您觉得龙泉驿对您的艺术创作有什么样的滋养?

〔邱笑秋〕滋养是潜移默化的。我本身是龙泉驿人，又是客家人，十分重视乡情友情，对本土感情深，我自发而为，为龙泉驿写歌：《桃花红了》《客家水龙歌》《讲起客家话》《锦江水缘月儿圆》；写诗：《淡红色的一笑》；题碑铭：“桃花故里”（山泉镇）、“客家魂”（洛带广东会馆）、“饮水思源”（龙泉驿东风渠）、“十陵”（十陵镇），为乡土做贡献，支持家乡，分文不取。

取材家乡的风土人情，那就更多了。总之，我深爱家乡，寄情于家乡的一枝一叶一草一木。无论是写歌、写诗、作画，无一不是我在表达对家乡的爱，在回馈家乡的滋养。

〔李云〕您今年 80 岁了，还保持着旺盛的创作活力，您是如何做到的？永葆艺术青春有秘诀吗？

〔邱笑秋〕这不是人为的，是自然的。我热爱美、发现美、表现美、分享美。这四个美是递进关系。我始终保持对生活的亲近，高度敏感，一点小美都很留意，小花小鸟都很喜欢。我居住的周围有山有水，房后就是山，是林，每天早晨我听到蓝尾山雀的声音就知道它们来了，一来就是一群，我跟它们没有距离。要说秘诀这就是秘诀吧。

〔李云〕您觉得自己的创作能够坚持至今，最大的动力是什么？

〔邱笑秋〕对艺术的热爱。

〔李云〕您在艺术上追求的最高境界是什么？

〔邱笑秋〕把中国彩墨画推向极致，让彩墨发挥到极致。中国文人画使用水墨，水墨始于唐末，盛于宋，而最早的中国画不仅仅是水墨。在汉代马王堆出土的 T 型帛上有完整的重彩画，重彩画在唐代很是兴盛。

我倡导彩墨不仅是创新，还是弘扬重彩，我曾在耶鲁大学演讲，题目是“论中国重彩画的继承与发展”。

我创立了四川香格里拉彩墨画研究院，自任院长。香格里拉是藏语“香巴拉”的音译，意思是人间天堂、世外桃源。

我的所有画作都使用彩墨。我要把中国画的色彩发挥到极致。

邱笑秋作品 咃！桃花

〔李云〕您多才多艺，除了画画，还赋诗作文、谱曲填词、弹琴击鼓、登台演戏，很少有画家如您这般全能的。这是天赋使然，还是后天修炼而成的？

〔邱笑秋〕这跟我的经历有关。我 7 岁学画，1950 年参军，才 15 岁，在成都西门上的解放军野战医院当卫生员、文书、文化教员。那时我就能舞文弄墨画画了，也能写会唱。

1953年单位迁往泸州，1954年转入内江，1957年转业时主动提出调进内江川剧团，在川剧团搞编导、舞美和作曲……不断历练自己，不断长进。

1958年还因我的两个剧本讽刺了官僚主义、主观主义被打成右派，遭到了很残酷的隔离、批斗。年轻时我的个性很强，这个性害了我又救了我，我倒下又挺立，活出来了。

1980年7月4日，邓小平同志在成都金牛宾馆接见四川画家，亲自过问我“怎么样？落实（政策）没有？”我大声回答：“落实了，都落实了！感谢您邓青天！”之后，我写了一篇文章《画室春风》，很多报刊都采用了。一个春字，改变了中国，更焕发了我们艺术工作者的青春，我的创作如泉涌。我又被调回文化馆，再调到内江市文化局做创作员，先后任内江市政协文教委副主任、内江市政协副主席。

1992年，我作为四川省人大代表在省里开会，遇到了同是省人大代表的龙泉驿区委书记谢安钦。谢书记知道我是龙泉驿人，邀请我回龙泉驿定居。我立即主动辞了官，洒洒脱脱回到龙泉驿安居，排除干扰，潜心作画。

回龙泉驿定居是正确的选择，至今我都十分感谢谢书记。

我的性格乐观、豁达、顽强，人生什么都经历过，什么都见识过。说什么多才多艺，都是拜命运所赐，是后天的修为。

〔李云〕一个人成不成才、成不成功，天赋占到几成？和个人勤奋努力有多大关系？

〔邱笑秋〕没研究过天赋，但勤奋是第一的吧！我刚刚办完80岁个展，就又进了西藏。是第18次进藏了。80岁，18次进藏，多不容易，又是多有意义啊！我从早期的巴山蜀水到青藏高原，再到非洲、美洲，一路行来，没有停息。

去年、前年我到了肯尼亚、赞比亚和坦桑尼亚，回来画角马、斑马、大象、长颈鹿、瞪羚等等非洲动物，早上起来画到吃午饭，午休一会儿，又开始画，画到吃晚饭。三十几幅大型作品画了 5 年。并以“狂放非洲”为题在四川省美术馆办画展，为自己 80 岁庆生。

〔李云〕您一直以画山水为主，从未见您画过女人，这在画家中是罕见的。作为艺术家您好像不关注女人？

〔邱笑秋〕哪里哪里，其实我的每幅作品里都有阴阳、男女、爱情的。你看，这幅《南迦巴瓦之春》，背景是一座雪山，这雪山就是一个睡美人，头发、面部清晰可见，那高高的雪峰就是女人的乳房；《九寨珍藏》画的是一对大熊

邱笑秋作品 无尘之乡

猫情侣在仙境里谈情说爱；《雪恋》画的是一公一母、一红一黑两匹马在面对面亲吻；《眷恋香格里拉》画的是两头牦牛夫妻恩恩爱爱并肩而行；《强刺激大餐》画的是非洲草原上长颈鹿一家三口温馨进餐的场景。美，离不开情和爱。怎么能说我没画女人、不关注女人呢？

〔李云〕以您的观察，当今时代的女性与过去时代的女性有何不同？有人说，今天的女人没有过去的女人优雅、从容。是这样吗？

〔邱笑秋〕这没研究过。主要是没时间。我猜大概是今天时代快节奏，女人的行动也就快节奏了，女人成“女汉子”了吧？女人从容、优雅是需要条件的，要问问这个时代和社会给女人提供了这些条件没有。否则，不能责怪女人不从容、不优雅。

〔李云〕作为艺术前辈，您对龙泉驿年轻的艺术家们有什么寄语？

〔邱笑秋〕立足本土，放眼全国、全世界，首先表现自己故乡的美。龙泉山很有画头。

访谈过程中，邱老邀请我参观他的陈列室和画室。

他的别墅一共三层，陈列室和画室在二楼和三楼。陈列室满满当当的是他的作品，最抢眼的是四周墙上布满了他的巨幅原创真迹，活泼的非洲大象、长颈鹿、瞪羚、火烈鸟、斑马，好像要从墙上跑下来；整齐排列的陈列柜里里外外陈列的是邱老发表作品的各大刊物，这些刊物多是美术专业画册，国家级艺术刊物，以及美术院校教材、范本；刊物封面多是邱老精神焕发的头像。

邱老发表的川剧剧本《张大千》和《探春治园》也陈列其中。

二楼大画室里的巨型画案和如同白昼的灯光令人叹为观止。邱老画画，除画案要巨无霸，灯光也要巨无霸，天花板上的灯光是特别装配的；文房四宝很多，仅印章就密密麻麻放满了一个博古架，真正的大手笔。

画案上一幅正在创作的画墨汁未干。

三楼有一台升降式电动画案，是国家有关部门赠送给邱老的。邱老作曲的全套音响也放置在此。刚刚在省美术馆展览完运回的几十幅画码放在一起，占满了空间。

邱老说画越来越多，两层楼都堆不下了，希望再修一间房子。的确，邱老的古堡式别墅很大，但他的作品更多，真的放不下了，需要修新房了。

临别，邱老赠送了我不少用他的作品制作的挂历、台历、画册，还细心地用绳捆起来，以便携带。这些艺术的精神养分待我回去慢慢吸收、消化。

走在北干道上，远远地望见邱老的别墅那红色的楼顶，在百工堰入口的绿林中若隐若现，很是鲜艳夺目。

心想，那个龙泉驿最美的风水宝地居住着一位神仙般的艺术老人，两者恰如其分、相得益彰。这也确是龙泉驿之幸。

隔天，邱老又从微信上传来他为我的新书《心中有花》题写的书名，四个字横写一幅，竖写一幅，都非常漂亮。这份珍贵的墨宝寄托着邱老对后进的提携之情，感谢老人家的用心。

画家白德松

【艺术简介】

1938 年 6 月生于成都市龙泉驿区洛带镇。1962 年毕业于四川美术学院绘画系国画专业。曾任四川美术学院院长助理、中国画系主任、教授。1998 年退休。

“艺术家只有在故乡才能创造出不朽作品”

——著名画家白德松先生印象记

首展在故乡举办

2015 年 4 月 30 日，洛带古镇撷云轩艺术馆，白德松先生的画展开展，历时 20 天。作为一个普通观众，我认真观赏了先生的大作。内心的震动和感动是巨大的，所获得的审美愉悦也是巨大的。

展出的这批新作分为魏晋文人系列、静观系列、云山系列，共 12 幅，全是先生 2011 年之后的倾力之作。先生慷慨展出近五年来的 12 幅鸿篇巨制，且把龙泉驿作为首展之地，实乃先生对故土的一番深情厚谊。此后，这批作品将依序到重庆、成都、北京巡展。

他的魏晋文人系列新作甫一亮相，慷慨、苍凉的风格，人物造型的独特，技法的多样高超，形式的唯美给人视觉上的冲击，震撼了我们。

到场的川美老院长和许多美术家给予了专业上的高度评价，著名画家邱笑

白德松作品 魏晋文人之一建安之气

秋先生激情发言：白老师深藏不露，潜心绘制的这批作品有很高的艺术价值、很高的画格，这也展示了白老师的人品、人格。人格即画格，人品即画品。邱先生谦虚地称白德松为白老师，此后还特别撰文从专业的角度品评这批画。

龙泉驿本乡本土生长起来的在艺术领域的大家屈指可数，白先生是其中之一。上世纪30年代，他出生在洛带镇街上，父亲白美春是纸火匠，民间艺人，扎龙手艺名声赫赫，画工了得，在成都东山五镇乃至整个成都地区无出其右。白先生继承了父亲的艺术天赋，从小喜欢画画。

就读洛小时，他从学校礼堂的匾书“石室宗风”中知道了成都的“石室中学”，立志报考。13岁小学毕业，便一举考进了石室中学（成都四中）这所具有2000多年办学历史的名校。进校后，学校的墙报、宣传画都是他承办，因而受到美术老师的喜爱。西南美术专科学校（川美的前身）附中招生展览在校内举办，令他眼界大开，他第一次见到了刘国枢、赵树同等美术界大家。初中毕业考进西南美术专科学校附中；1958年升入四川美术学院；1962年毕业留校教书，历任校长助理、国画系主任，直到1998年退休荣归故里。

但先生一贯低调隐居，龙泉驿人对他知之甚少。我决定对白先生做一个深度访谈，把他这样的艺术大家和他精湛的艺术作品介绍给父老乡亲，让艺术家和艺术品跟普通民众亲密互动，潜移默化地影响和提升我们的艺术修养。

一个周末，我如约到白先生的别墅拜访了他。

画画的最好环境还是故乡

这是一处龙泉山下幽静的傍山别墅群，多年前，12位四川美术学院的画家们自行设计修建别墅，聚集在此，过着田园牧歌、采菊东篱下的隐居生活。白先生是他们中的一员。

白先生对现在的生活环境非常满意，主要是离城较远而无车马喧，清静、空气好，适合潜心作画。别墅很大，宽敞明亮，有专门的绘画空间，正适合白先生画大画。

他的作品规格不是 3.2 米 ×1.5 米，就是 3.0 米 ×1.5 米，或 2.3 米 ×1.5 米，画室够大是必需的。退休前白先生是川美的教授，画画与教书在时间上有冲突，他最向往的就是有完全属于自己自由支配的时间来创作自己想作的画。退休后回到故乡龙泉驿，时间和空间这两项特别重要的要素都具备了，白先生虽已古稀，但他老骥伏枥，只争朝夕，心无旁骛，埋头创作。他特别珍惜退休后的时光，退而不休，每天比上班还忙，工作时间长、工作量大，他享受着创作中的乐趣。

他在大门上自撰一副对联：问花笑谁；听鸟说甚；横批：茶禅一味。这就是他想要的生活。现在他的生活就是早上一杯茶，再吃饭，养点花，喂喂鸟，画会儿画。先生今年又换了一副对联：几间南坐北朝屋；一个东张西望人；横批奇邪正邪。

今年他将在全国各地办画展。

打眼一看，他的作品扑面而来的是浓烈的历史文化纵深感，人物和故事有来历、有出处、有典故，厚重的文史哲思想撼人心魄。仿佛感觉一个风雨摇曳的时代，走来一群让我们翘首仰望的风流人物。

提起白先生的魏晋文人系列画作，他说作品只是容器，作者深邃的思想、精湛的技术、精心的制作需要艺术的表达，需要容器去装。如果一个画家的作品在美术史上具有独立的价值，有别于他人，哪怕只有一点，就相当了不起，就可以称作创造，就有展览的意义。

“业精于勤，荒于嬉；行成于思，毁于随”是韩愈的一句名言，这句话用于创作，这里的“随”即指因袭。一个画家不能因袭别人，也不能因袭自己，

白德松作品 魏晋文人之一 正始之音

要不断创新。

这组画倾注了他的思想感情和心血，他希望对观者有所触动的是“慷慨、苍凉”四个字，他认为整个中华民族的历史就是这四个字，不是使人愉快的，而是使人沉思。

取材背景

中国历史上的魏晋南北朝时期是一个典型的乱世 汉末的战乱、三国的纷争、西晋的“八王之乱”、十六国的混战……然而，就是这样一个乱世造就了大批才华卓绝而又风格迥异的文人名士，让那个烽火连天、金戈铁马的时代熠熠生辉。“魏晋风流”是指魏晋那一代名士们所追求的一种极具魅力和影响力的人格美，其形成条件是玄心、洞见、妙赏、深情，其本质是追求艺术化的人生。

历史上的曹操不仅是杰出的政治家、军事家，还是伟大的文学家。他多才多艺，对书法、围棋、音乐都相当精通，于戎马倥偬之余不废吟咏，创作了很多流传千古的诗歌。王沈《魏书》中说他“文武并施，御军十余载，手不释书……”。“对酒当歌，人生几何”“青青子衿，悠悠我心”，操诗所蕴含的那种古直悲凉的大气之美可谓前无古人后鲜来者。作为政治家的曹操也是“胸怀大志，腹有良谋，有保藏宇宙之机，吞吐天下之志也”，他登高而呼：“今天下大事舍我其谁？”“倘无我，不知有多少人称王称帝”。“上马论兵，下马论文”，鲁迅评他至少是个英雄。作为文学家，曹操以其卓绝之才开创了建安文学的繁荣局面，作为政治家的曹操也凭借他那舍我其谁的使命感彪炳史册。

从魏初到晋初，中国文学的发展也自建安风骨跨入了正始时期。正始文学的代表文人则是阮籍和嵇康。他们任情率性，越名教而任自然，“礼岂为我辈设哉”，这一方面为他们赢得了广大士阶层的敬仰，一方面也注定了他们在那样一个高压环境下的悲剧命运，嵇康便是为政治殉难的文人之一。

“刚肠疾恶，轻肆直言，遇事便发”，嵇康的不随和是显而易见的，一封义愤填膺的《与山巨源绝交书》便是一个很好的证明。只因好友山涛向司马氏推荐他当官，他便因“足下故不知之”写下这封绝交信，“既然你不了解我的为人，那么朋友也没法做了，咱还是绝交吧”。关于不随和，鲁迅先生曾说:“文人不应该随和，而且文人也不会随和，会随和的只是和事佬。但这不随和又并非回避，只是唱着所是，颂着所爱，而不管是非和所憎。”不随和的嵇康最终因“非汤武而薄周礼”被逮捕入狱进而处死。“嵇散临刑东市，神气不变，索琴弹之，奏《广陵散》”，嵇康死，“时年四十，海内之士，莫不痛之”。一曲广陵绝天下，打铁嵇康谁能仿?

魏晋文学的集大成者非陶渊明莫属。陶诗沿袭魏晋诗歌的古朴诗风，而又融入老庄玄理，读之亲切自然而又意境深远。他爱老庄虚静无为境界而没有清谈怪诞的行为及服药求仙的异想，他有佛家空观慈爱的精神而不带丝毫迷信色彩，所以后人评价他的诗: “一语天然万古新，繁华落尽见真纯。”安贫乐道和崇尚自然是陶渊明性格的两大特点，也是他作品的主题。“富贵非吾愿，帝乡不可期”，“少无适俗韵，性本爱丘山”，平民生活的率真感情，让陶渊明的田园诗登峰造极。陶渊明的典型意义不仅在于他的诗歌成就，更在于他为后世的士大夫筑了一座精神的“巢”，用以掩护他们同丑恶划清界限。他们对陶渊明的强烈认同，使这位“赫赫有名的大隐”成为一个不可重复的主题。

画魏晋文人，缘于认同他们的价值观，与他们志趣相投

白先生经历单纯，一生就是在读书、教书、画画。大学时阅读量大、面宽，学问基础扎实，又特别爱思考，形成了自己的思想体系，是典型的文人，并具有强烈的文人情怀、文人情结。他对玄学和古代士大夫文化的情感认同，使他有冲动画魏晋文人题材。

2011 年他画了《竹林闲游》，之前在 1996 年画过《广陵散》，就是嵇康，这样留下了竹林七贤的影子。由《竹林七贤》引申出魏晋文人，引申到玄学。在中国传统思想史上有一个很重要的学派，就是魏晋南北朝的玄学。而中国知识分子的典型代表堪称文人的，他认为只有这几个，其他的都不能称文人。所以他就有个打算，画一组文人系列的作品。《正始之音》是画的玄学的祖师爷王弼，还有《建安文气》《竹林闲游》《兰亭春禊》《东山待起》《归去来兮》，魏晋比较典型的六组人物。在这之前汉代还有司马相如；汉之前，还有庄子和屈原。在他有生之年，他要从庄子、屈原、司马相如一直画到李白、苏东坡。白先生的思想、学识和情感与这些古人相印。

他说："我觉得我跟他们心心相印。我觉得孔子不算文人，我曾经准备画孔子的一生，计划画几十米的一个大全。后来不知啥原因，总画不下去。我想啊，孔子讲'学而优则仕'，他是为国家培养公务员的，他是知识分子，是教育家、思想家，也算一个不得意的政治家，但他不是一个文人。文人是远离政治的。比如王弼是贵族，但他所谈论的宇宙本体论、发生论，都跟政治无关，才称清谈。古人的清谈分言谈和笔谈，其实是学术上的辩论，类似现在的沙龙，是多种观点和思想的撞击，是头脑风暴，从而成就了哲学、文学、艺术等多种建树。知识分子有社会担当，而文人没有，文人只过自己的生活。像范仲淹'先天下之忧而忧，后天下之乐而乐'这种胸怀和社会担当，文人就没有。文人的贡献

白德松作品 魏晋文人之三竹林山游

主要在学术上，在思想史上。

“艺术和艺术家的境界，只有一个，就是审美。他的生活境界、思想境界主于美。艺术应该有朦胧美，要给观者以想象空间。虽然人人都生活在政治中，但作为一个文人、一个画家，你了解、关心政治是可以的，但不要跟政治贴得太近，毕竟两个行业的人所主于的目的不同。艺术家应该做你自己想做的事。中国美学思想史发展的正宗，是文人画。古代文人画家一边当官一边画画，有俸禄，有社会地位，他们衣食无忧，占有大量的文化财富和资源，他们见得多，积累的知识丰富，才能画出好画，写出好的著作。这就是中国士大夫文化。现在艺术专业化了。艺术专业化之后，艺术家及其活动一定受到两个条件的影响和制约: 一是政治条件，二是经济条件，任何画家都脱离不了，我也不例外。”

取材魏晋文人，是白先生深思熟虑后的选择。

在艺术上严谨精进

白先生在艺术之路上永不停步，永不满足，是创新的探索者、践行者。任何完美的艺术不可能是兴之所至、草率为之的，而无一不是谋篇布局、精心设计、呕心沥血的结果。白先生是川美教授出身，严谨是他的习惯，更是他的品格。作这批画，他仅研读资料解析历史就历时一年多，对人物故事烂熟于心，然后才进行形象化构思，宏观、微观细致入微，每一个细节都周详考虑，并在纸上勾画出初稿小样、修改定型。再将定型稿用幻灯投射放大到布上，启用笔墨程序进行绘制。

传统的写意画可以直接在传统的国画宣纸上泼墨挥洒，而白先生精雕细琢的作画方式跟大写意不同，宣纸不能胜任他的表达需要。古人有用绢和帛作画的，经过多次试验，白先生需要在传统棉布上作画。必须找到适宜的载体——纯棉布。棉布是一次偶然间在洛带古镇白巷子一家老布店发现的，这种纯棉布没有漂白，没有脱脂，是较细的粗布。

在纸和布上作画，都有一个共同点，那就是不能涂改，只能做加法，不能做减法。白先生所作大画一般在50平方尺以上，一笔一画都不能错，难度大到不可想象。记得黄永玉先生说过，他作画时如同在同时控制100只肆意横行的螃蟹。真不容易。每一幅画白先生大都至少画了三遍，最多一张画了五遍，只有一张是一次成功的。即使每日不停地画，每画一幅都要耗时几个月，故他一年只能画几幅作品，精益求精，直到满意为止。他是最辛苦的劳作者。他要求自己的作品必须尽善尽美、完美无缺。宁为玉碎、不为瓦全是他对艺术作品的基本态度。

画面上，他用墨和一点点颜色展示出了色彩斑斓的大气之美，几笔勾勒出的人物面部表情生动逼真，显示出雄厚的功力。所画的男人有雕塑感，注重体积；女人不用曲线而用折线，人物造型典型性强。他用笔果敢、遒劲，方圆兼备，有金石之气。采用山石的技法、壁画的技法表达内容，所画古代文人不显弱气，充满力量感，别人很难复制模仿，因而是为独创。

他引用国外一位艺术家的话说，艺术家只有在他的故乡才能创造出不朽作品。

这样一位成绩斐然的艺术大家是龙泉驿的骄傲，是龙泉驿本土的一张文化名片。

四川艺术院院长卢加强先生参观了白先生的画展，写道：“情真理足！有不得不发之感，有不得不鸣之理，归去来兮，岂是白氏，乃是画界生态、画家本源，当在安静寂寞中积蓄能量达到临界点，必然东山异峰突起！”

白德松作品 魏晋文人之四东山待起

在生活上低调俭朴

白先生一贯低调，大隐于市，过着最简朴的生活。老伴已过世，儿女们没在身边，只有一个中年女子在照顾着他的日常生活。他唯爱好饮茶抽烟，抽的竟是“红河”这样廉价的烟，经常吃一碗面充饥，他希望时间、空间不受外界打扰可以潜心创作。每天劳动量大，所消耗的热量岂是一碗面所能提供的？先生简朴得有些过分，笔者为他的健康着想，不得不提醒他重视营养与保健。

下一步画客家人物

成都东山洛带古镇是四川省客家人的聚居区域。白先生也是客家人。客家人中有不少重量级的人物，如邓小平、朱德、孙中山等。他打算画一组人物系列，争取在 80 岁前完成，把自己的艺术理想向前推一步。

白先生唯一所求就是画画，达成他心中的既定目标。我们无力帮助他，唯有祝福他。

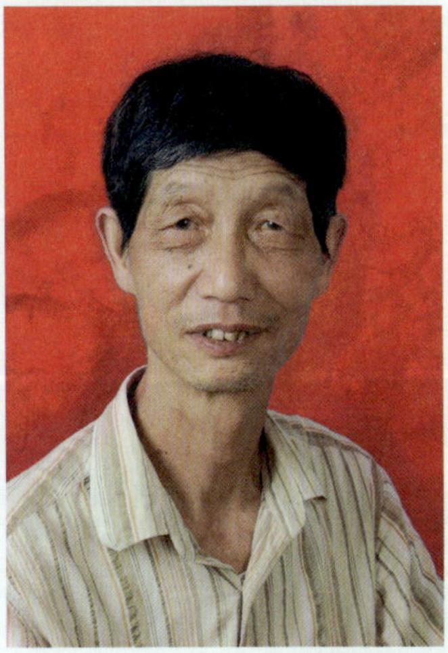

摄影家金士廉

【艺术简介】

摄影40年，上千幅新闻图片和摄影作品在中央、省、市报刊发表。部分作品随访问团赴美国和西欧展出。撰写的《利用自然光拍摄居民身份证》一文，由国家公安部推广至全国。此项摄影技术为身份证人像采集工作节约了大量的人力财力物力，龙泉驿区科委授予其“社会科学奖”。被载入《中国摄影家大辞典》。摄影作品《分配之后》获四川省建国三十周年三等奖、《满意不满意》获市二等奖、《金凤凰工程》组照获龙泉驿区改革开放三十年金奖。

甘做龙泉驿的见证者和记录官

——访摄影艺术家金士廉先生

在龙泉驿的城市和乡村，你经常会见到一个浑身挂满沉甸甸摄影器材、头戴小红帽的70多岁的老者，他正专注地用相机记录着龙泉驿区的社会变迁和发展历程的某些瞬间。摄影正是“凝固的瞬间”艺术。他的许多图片都被龙泉驿区档案馆收藏，成为永久的历史珍藏。小红帽成了他的象征。他就是龙泉驿大名鼎鼎的摄影家金士廉先生。大家都尊称他“金老师”，不仅因为他姓金，还因为他不经意教你几招，就可以点石成金。他的摄影秘籍就是金子，比金子还宝贵。金老师性格乐呵，开口即笑。他和谁都可以聊上一阵子，是个招人喜欢的可爱老头儿。

金老师1960年毕业于成都第二师范学校，同年8月份被分配到西河公社小学初中班任教，因他具有一定的文艺专长，第二年被调至龙泉驿区文化馆从事群众文化辅导工作（音乐辅导）。当时文化馆周末还不定期举办交谊舞会。在重大节日里区政府组织各单位干部群众演唱革命歌曲，举办专场晚会。金老师

金士廉作品 茶店供销社送货下乡

召集业余爱好者组成乐队，他亲自任乐队指挥，拉手风琴为演出单位伴奏。

1972年，因工作需要，金老师改为从事摄影工作。他边学边干，逐步自学成才，主要担任辅导群众摄影创作活动和新闻图片宣传报道工作。

那时龙泉仅公安分局有一两台用于破案的相机。文化馆想法弄到一台供金老师专用。那个年代手上有一台相机可是“港得”不得了的事。他特别珍惜，成天挎着相机、闪光灯、电瓶（共有10多斤重）上山下乡，骑自行车到山泉、茶店、大兴等公社生产队，往返上百里，早出晚归。

晚上回单位熬夜冲胶卷，放照片，工作格外吃苦，勤奋认真，干劲十足。他负责区上18个长长的橱窗，定期更换自己拍摄回来的本区各行各业照片，并配写解说词。还给《四川日报》《成都日报》等省市报刊投稿，特别是在《成

金士廉作品 满意不满意

都日报》上，几乎每周都有龙泉驿区的新闻图片稿件发表。他的作品图文并茂，频频见报，他很快在成都市龙泉驿、金牛、青白江三个区出了名，大家都知道龙泉驿有一个很厉害的年轻摄影工作者。

长年劳累，积劳成疾，1993年，50多岁的金老师因病提前退休。

在30多年的工作中，他多次被评为市、区先进工作者。2012年，龙泉驿区委、区政府授予他“能工巧匠”荣誉称号。退休快20年了，区委、区政府还这样高度评价他，授予他这么高的荣誉，金老师高兴坏了，像孩子一样欢喜。

说他退休了，他其实是退而未休，还是整天忙忙碌碌，用相机捕捉和记录龙泉驿发展变迁的每一段进程的精彩瞬间，他是龙泉驿半个多世纪的历史亲历者、见证人。

在40多年的摄影工作中，他有上千幅新闻图片和摄影作品在中央、省、市和香港报刊发表，省、市邮政部门在桃花节期间发行他专门介绍龙泉人文、风光的几套明信片和纪念册，并聘请他为龙泉驿区地方志和百年档案记忆（龙泉）大型书刊的特邀摄影者。

他说“人不能庸庸碌碌地过一生，组织上培养了我，给了我有利的工作条件，我就要懂得报恩，懂得创造业绩来回报。”

金老师最得意的三个摄影故事，与大家分享：

1980 年，金老师的摄影作品《分配之后》获四川省建国三十周年第一届优秀文艺作品三等奖，奖金 50 元。当时他月工资才 45.5 元。该作品还被选入四川人民出版社出版的《摄影入门》一书中作为范例作品介绍。1979 年他下乡拍摄西平公社黄连十队队长刘大清，拍到了刘正带领本生产队社员在储蓄所，拿着一张张 10 元（最大面额）的人民币存钱的喜庆场面。不久此片在《成都日报》和《川农报》刊登。在家庭联产责任制实行两年的时间里，黄连十队由过去每天 0.2 元的劳动值猛增到 2 元。算下来，月收入比当时龙泉驿区领导还要高。这个镜头是中国亿万农民经济生活中的一个幸福缩影。33 年后，区摄影协会组织摄友们下乡，免费为农民照相，在黄连村，他找到刘大清（刘大清这几十年来先后当选为省、市先进和人民代表，至今仍任该队队长），专门为他和当年参加储蓄的社员再一次拍片，他俩已成为老朋友了。1980 年金老师加入四川省摄影家协会时，会员编号是 58 号，当时还包含现重庆市在内。可见偌大一个省，摄影人才凤毛麟角。

1985 年全国开始颁发居民身份证，龙泉驿区是成都市唯一试点单位（全国共设九大城市试点）。为了保证照片质量，少返工，公安部规定必须用灯光拍摄，哪怕再远的山区农民都必须下山几十里到指定地点拍摄。金老师当时已拍了十几年的照片，有一定经验，于是大胆试验自然光，用了一个多月，共 300 多次反复拍摄冲洗照片，总结出一套“利用自然光，使用手相机”拍摄身份证的快速方法，在任何院坝都可拍摄。经有关部门认可后，率先在龙泉驿区推广，采用自然光共拍摄了 19 万多人。后由市公安局在全市推广，拍了几百万人的身份证。1987 年由省颁发身份证办公室在全省推广应用，同年公安部将金老师的有关文章发至全国推广，方便了全国偏远农村的老百姓就近拍摄身份证，为国家节约了大量的人力、物力、财力。这是金老师的一大技术贡献。

1989 年，龙泉驿区政府授予金老师“社会科学奖”。同年金老师被载入《中国摄影家大辞典》。1999 年金老师光荣加入中国共产党。他通过个人为党努力

金士廉作品 龙泉老公交站

金士廉作品 洛带广东会馆

工作，终于成为中共党员。他拍摄的龙泉驿区山区孩子进城读书《金凤凰工程》组照获本区改革开放三十年金奖。金老师姓金，拍的《金凤凰工程》又获金奖，这真是“三金合一”！三喜临门!

川剧艺术家庞明忠

【艺术简介】

1944年10月生于四川西充，四川庞氏文化传播有限公司董事长。1997年至2006年任攀枝花市政协委员、常委；2007年招商引资到西充投资农业项目，曾被评为四川省第六届劳动模范，五一奖章获得者。2012年成立民中川剧团，现居成都市龙泉驿区。2017参加中宣部、文化部举办的全国基层院团戏曲会演，取得了优异成绩。

川剧艺术的扛鼎人

——访庞明忠先生

改革开放后，庞明忠先生依靠国家政策和自己的勤劳，在攀枝花成功创办起几家企业，经营很好，是率先富起来的那一批人。

有钱了，是拿来吃喝嫖赌抽，还是奉献社会，这很考验一个人的“三观”。钱是中性的，有人用它干好事，有人用它干坏事。人赋予了钱不同的用途。

庞先生则用它来挽救川剧、振兴川剧。历经艰难，他成立了四川民中川剧团，自任团长，并在龙泉驿区洛带古镇落脚生根。从2014年8月1日开始，无论观众多少，民中川剧团每天都在洛带艺库上演川剧经典剧目，或在五凤广场免费为市民和游客表演折子戏。

他以一己之力成功地将庞氏家族庞家班的传统扛起，将川剧这门岌岌可危的艺术之鼎扛起。

他是固执的，也是顽强的。他这种自觉的文化担当精神，令人钦佩。

他为什么对川剧情有独钟?

庞家班的百年孤独

早在1933年以前，川戏班行当在巴蜀沃土之上就形成了以南充的顺庆班、阆中的阆中班，以及西充的庞家班三班鼎立的极盛之景。作为一时的川剧代表大班之一，庞家班在方圆百里，颇具盛名。

抗战期间，由于大环境动荡，三班资源紧张，收入骤减。加之当地地痞流氓的骚扰、纠缠，阆中、顺庆两班相继垮台。两班曾与庞家班在川剧的合作交流中建立了深厚的友谊，故而在倒台之后将服装、道具等经营多年的珍贵班底都赠予了庞家班，寄望其能继续传承优秀的传统川剧文化。

经历战乱的庞家班同样百废待兴。当家人由于不忍川剧文化就此没落，于是主动肩负起川剧文化承上启下的历史重责。在此后数年间，庞家班重整旗鼓，努力经营，终于复现了昔日繁荣。可惜好景不长，1959年，川剧作为突出典型的传统文化代表之一，深受打击，最终覆没在了“反四旧”的浪潮之中。

在“大跃进”期间，为了保护好戏班班底，当时的当家人召集了剧团里所有的壮汉，挥汗挖土整整干了三天三夜，终于把所有的服装道具都埋在了庞明

庞明忠代表民中川剧团接牌“国家非物质文化遗产川剧传承见习基地”

庞明忠川剧团正在演出

忠老舅家的后院之内。但后来再把东西挖出来的时候，大多数的道具已经受潮损坏了，翻新可用的寥寥无几。这段往事于当时尚年幼的庞明忠而言已经相当模糊了，但当母亲每每提起，他深入骨髓的川剧情结就会不断地糅进一种神圣的家族使命感，如繁茂春花，向阳滋长。

和味浓情的川剧世家

现有五世同堂的庞家在西充可谓家喻户晓，名望颇高。而让乡亲们津津乐道的不仅是庞家班精彩的川剧表演，还有庞氏严谨的家规，及其规范下优良的家风家貌。作为攀枝花当代企业家代表之一，庞先生饱经世故，在处世做人上深有体悟。谈起儿孙，他的眉眼之间也尽是掩不住的自豪和满足。而对于后辈的教育，老人行义方之训，却也有自己的一套方法。庞氏一族都是皈依佛门的俗家弟子，他们广行善缘，以其谦逊有礼、温厚待人的品质而深受乡邻的好评。庞先生时常告诉自己的孙儿："做事要用劲，为人要低调。"而这句话，也正是家中的母亲对他的叮嘱。

庞先生说，母亲是对他这一生影响最深的人。"饿死人，饿死的是懒人，饿不死的是勤快人。只要不怕吃苦，不倒志气，就有好日子过。"这段朴实的话是老母亲最常说的，她也一直在做着。从小到大的耳濡目染，让庞先生形成了勤奋刻苦的优秀品质，这也为他日后创业兴家奠定了基础。1963 年，庞先生到渡口参与攀西的大开发，靠自己的能力进行房地产投资。到 2007 年，他回到故乡西充，进行二次创业，随着财富的不断累积，庞家川剧团的成立也正式提上了日程。

庞先生一生钟爱川剧艺术，无论何时何地，只要听见锣鼓声响，他便心动难耐、血液沸腾，就忍不住也要自己走走步子，哼哼曲调。"大概从我有记忆开始，我就是热爱川剧的。"庞先生说。他对川剧有着一种与生俱来的情结，这也与他年幼时，母亲常常把他带到西充的院坝看川剧表演有密不可分的联系。当时，只要村里的川剧团一开锣，全村的人都会赶来看。处于密集的人群中，母亲为了让儿子能看到表演，总会把他举到自己的双肩上坐着，自己却只能整场盯着前面那个人的后脑勺。

1950 年，庞先生的父亲因病过世。失去家中唯一的经济来源，这对当时的清贫小家而言无疑是万钧的打击。那一年，庞先生的奶奶已是古稀高寿，而他，只有 5 岁。母亲为了让儿子拥有更公平、轻松的成长氛围，不再改嫁，选择了以纤弱臂膀挑起一家人生活的重担。聊起这一段时，庞先生的眼眶濡湿了。他说，母亲给了他生命，教会了他坚毅与承担，他感念在心，无以为报。

在母亲八十大寿的寿宴上，庞先生亲自登台亮相，献唱他 13 岁时学会的第一曲，同时也是母亲最爱听的川剧折子戏《马房放奎》，以拜谢母亲的养育大恩，祝愿她喜乐安康。

日子越来越忙碌，也越过越好。那些困苦和辛酸随着时间的推移已经渐渐淡去，庞先生总会在繁重的工作中抽出空来陪伴母亲，母子俩常常坐在剧场二排竹编的四脚椅上，品茗赏戏，好不安逸!

川剧团的涅槃重生

2012 年 7 月 9 日，由庞先生投资的川剧题材电影《凤凰庆》开机，适逢全国文艺院团改制，他把握住时机，酝酿 5 年的四川省民中川剧艺术传承演艺有限公司也在同一天成立了。沉睡了 50 余年的庞家班终于醒来。

2014 年，西充的朋友提议他向中心城市靠拢。庞先生到成都周边的广汉、德阳、新都、郫县、都江堰都去考察了，后来到龙泉驿洛带镇跑了 8 趟，第 9 次住了一天，感觉这里人气旺，政府抓文化很有力，找到洛带镇政府询问，政府官员表示欢迎文化企业入驻，后找到刘晓双，感觉靠谱。晓双了解到他有几千件川剧藏品，觉得很珍贵，可以建一家川剧博物馆，遂向成都市文联报告，市文联很感兴趣，派人员到洛带谈了三次，最后敲定民中川剧团落地洛带。4 月进入洛带，7 月装修剧场，8 月 1 日演出。一开始每天演出，不论观众多少，后来人实在太少，改成每周演出。截至目前，剧团已在洛带驻场演出 81 场次，在全省 20 多个城镇进行过演出，每年的演出场次超过 200 场，累计观众约 10 万人次，并曾被央视新闻传媒、《中国文化报》《中国民族报》，以及省市级公众平台多次报道。

民中川剧团拥有全川质量最好的服装道具 4000 余件（500 余件在用），工作人员 56 人，其中包括国家一级演员 2 人、国家二级演员 9 人。剧场展厅的装

庞明忠与川剧青年表演艺术家培训班学员合影

修、服装道具、灯光音响、载人大客车和道具小客车等硬件投资约莫500多万，而川剧团成立至今3年来，员工工资、生活费、房租水电等费用开支总和也已逾千万。那么大大小小超过一千五百万的经费投入，又有多少回报呢？庞先生说，每年开支需要350万。前两年都是亏损，今年因为到南充、西充演出60多场，每场4万，估计今年可以收支持平。

华丽的服饰、舒适的观剧环境、精彩的戏曲表演……与如此高质量的表演大反差的竟是低廉的票价。“我做这个事（运营川剧团）从来就不是为了赚钱，川剧团经常在西充等地进行免费惠民演出，包括我把票价定得那么低，都是因为在农村有大量留守老人，他们没有儿女在身边，日子过得很寂寞，很枯燥。我就希望他们能觉得我们的表演好看，并且能从中得到快乐。”老人真诚地表示。

川剧艺术的魅力早已融入庞家的家族血脉。庞先生是家族第三代传人，川剧的旗帜从他祖父的手里传递到他的手里，他希望川剧的旗帜不倒，顺利地传递到下一代、再下一代，及至世世代代。这是一项使命光荣、责任重大的艰巨任务，必将付出金钱和心血。今年 72 岁的他每日还在奔波着，他盼望着每一个四川人都能重新爱上川剧，盼望着有一天川剧艺术能走向全国，甚至更远。

（文中采用了部分张记的文字）

市民戏剧家张光荣

【艺术简介】

2005年退休后，参与社区文艺节目的创编、导演和演出，后被选为秋实艺术团团长。主要从事曲艺作品创作，宣传党和政府的方针政策和发生在老百姓中间的好人好事。坚持为人民创作，完成作品的创作及展演90个。于2012年评为首届龙泉驿区驿都好市民。编创的快板小品获成都市科技作品一等奖，被评为影视文艺先进个人。

退而不休的文艺干将

——访市民戏剧家张光荣女士

张光荣，一个普普通通的女性，但又很特别——她干的别人干不了，她玩的别人玩不转。

她究竟做啥呢？一是原创小品、快板、三句半、相声等作品达 70 多个；二是集编剧、导演、登台演戏于一身，所表演的节目获得省市区奖项无数；三是获得市民投票数第一，以最高票当选为“龙泉好人”。她被龙泉驿区广大市民认可、喜爱，并被誉为“市民戏剧家”。

没想到自己退了休了还红一把。电视台、舞台、颁奖台、街头巷尾到处都有她的身影，都有她精气神十足的笑靥。人们都认识她，把她当街坊邻居、熟悉的大妈大婶。张光荣这个红不是靠打擦边球玩虚的假的玄的得来的，而是十年如一日实实在在干出来的。她常常是熬一个通宵写完剧本，第二天就召集大伙排练，第三天就登台表演或去参赛。这样的节奏，年轻人都受不了。她今年 65 岁了，还蛮有干劲。她说：“我本身有心脏病，年纪也大了，岁月不饶人。

可是没办法，几次退休都退不了，一帮老姐妹不让我退。还需要我把社区的文艺活动搞一搞，把市民的文化生活弄得丰富点。”

张光荣曾在航天7306研究所职工医院做护士长25年，1997年内退后，居住在龙泉驿航天万源路社区。当时社区有个合唱团要改选团长，由于她能写会演，经常熬夜搞创作，社区需要啥写啥，立说立干，是个快手，大伙就推选她做了团长。

当上团长后，她便大胆施政，在合唱团的基础上组建了舞蹈队、曲艺队。曲艺队节目无论语言类、动作类，都是她创作编写，而且她还手把手地教大伙排练、演出。不久之后，社区大的节庆活动需要节目她可以整台整台地提供。

她还记得第一个节目是社区要求的题材，当时万源路社区与附近东华村结对帮扶，社区想利用远程教育，鼓励村民通过网络学习种养殖技术，从而走上

张光荣演出照

致富之路。可是，远程教育这个概念张光荣第一次听说，什么都不懂。她赶紧回家了解，现学现卖，连夜写出小品《管得宽招学员》，她亲自扮演老光棍“管得宽”这个角色。到东华村去演出时，小品幽默搞笑的风格，令农民记忆深刻。此后，农民们排队上网学习种养殖技术。没想到效果这么好!

社区里有人戴着金耳环、怀抱宠物狗去要低保。书记找到张光荣，要求她以宣传低保政策为核心编排节目在社区演出。张光荣二话不说，以生活中的原型人物为依据，创作了小品《张二嫂要低保》。节目巧妙地把低保政策一条一款地交代得清清楚楚、明明白白，市民观看后都知道谁可以申请低保，谁不符合政策。这样领取低保的人受到了群众监督，杜绝了想浑水摸鱼的人。

社区内一大爷长期义务捡垃圾，从不拿一分报酬。可有人不信，认为社区暗暗给他发了钱。大爷在前面捡垃圾，她在后面丢垃圾。针对此种不良现象，张光荣又创作出小品《小区渣渣王》，传播正能量，树立好风尚。

社区内一些新市民有椅子不坐而坐花坛，乱扔垃圾、吐口痰、挖草坪种菜、烧香烧纸供佛。针对这些不文明现象，张光荣创作《做个合格新市民》小品，引导他们。

宣传环保的节目《生活要低碳》，快板、小品融于为一体，加上音乐和舞蹈，获得成都市一等奖。

无数个节目与老百姓生活息息相关，市民自己演自己，非常接地气，紧扣时代主旋律，亦庄亦谐、寓教于乐，为广大市民所喜闻乐见，深受欢迎。

2010年，龙泉驿区全区投票选“驿都好人”，张光荣一人得了数十万票，排名第一，她因此获得“龙泉驿都好人第一名”的殊荣。

一时间，成都的报纸、电视台都找她做专访。中央人民广播电台做了专访《巾帼志愿者队长张光荣》，龙泉电视台做了一档文明劝导节目《闲人张大妈》，由张光荣自编自演。当年她被龙泉电视台评为“影视先进”。

张光荣演出照

龙泉电视台将她的小品拍成了电视片，作为公益教育片在乡村坝坝电影前先放，放了两年。受众面覆盖全区城乡人民。

她的小品短小精悍，写身边的人和事。她在台上演，也在生活中实干。看到社区街面上有宠物狗的粪便或一只死耗子，她会用宣传单包起来，或把塑料袋套在手上去抓了丢垃圾桶；骗子拍老人腿，拍破毛细血管说虫子出来了，要老人买几千元的药品，她上去揭穿骗局，被骗子殴打；送迷路老人回家，忘了接孙子，孙子委屈地哭了；两个女人因碰破了鸡蛋在菜市门口打架，围观者无数，没人劝，张光荣上前拉架反被打……

她就是这样一个人。退休十多年来，退而不休，比上班还忙还累，不拿一分钱，有时演出、过年过节，还要自掏腰包请客，犒劳一下同台演出的老姐妹们。

画家董小庄

【艺术简介】

成都市对外国际文化艺术交流重要推动者、第六届成都双年展学术委员会委员、成都市锦江区政府艺术顾问团顾问、四川省巴蜀画派促进会学术顾问、中国美术家协会会员、中国版画家协会会员、中国版画藏书票协会常务理事、四川美术家协会版画艺术委员会副主任、四川美术家协会理事、成都美术家协会副主席、成都美术家协会版画艺术委员会主任、四川大学艺术学院教授。获中国鲁迅版画终身成就奖。

未知是艺术家永远的情人

——艺术家董小庄先生访谈录

〔李云〕小庄老师您好！ 20多年前，您在龙泉驿工作，我们成了朋友。后来您悄然离开龙泉驿到成都市区发展，到世界五大洲发展，新作一批一批诞生，画展一次一次举办，可谓名震天下。我们联系虽然少了，但我无时无刻不在关注您，为您取得的艺术成就感到由衷高兴。

〔董小庄〕是的，感谢老朋友。

〔李云〕龙泉驿是您起飞的地方，或许可以称为您的第二、第三故乡，您对她一定有种珍贵的情愫。

〔董小庄〕是的。1992年我从攀枝花被调到成都龙泉驿工作，一晃已有25年的时间。我老家在重庆开县，只在故乡生活了20年，而后到攀枝花工作，生活了18年。在龙泉驿生活的时间最长。他乡即故乡，龙泉驿当然是我心目中的故乡了，而真正的出生地故乡开县，反而遥远而陌生。特别是因三峡库区的

董小庄作品 尘世莲花系列之十二

移民和新城建设，故乡的记忆更加模糊，回去了几次，怎么也找不到乡愁的味道，一切都是新的、陌生的。

从攀枝花到龙泉驿是我人生的一次重大机遇和转折，1992年的龙泉驿正在扩区建设，大展宏图，广纳人才。从攀枝花的创业再到龙泉驿的第二次创业，对我的人生来说是非常有价值的，顺应了时代，丰富了人生，展示了个人能力。虽然刚到龙泉驿时环境艰苦生活不习惯，一切陌生，困难重重，但有着艰难人生经历的我都很快克服了。我很感谢龙泉驿区那两届领导，他们是当时老牌的知识分子，能坚守、有梦想、珍惜人才，对龙泉驿的发展功不可没，也为我创造了一个良好的工作空间。我在那时认识了一批共同成长的朋友，你、晓双、成都凸凹，我们的友谊一直保持至今。

〔李云〕那么，上世纪80年代至90年代，龙泉驿给了您怎样的艺术滋养？

〔董小庄〕作为一个从事艺术工作的人，超越自我是基本的准则。时代在发展，艺术家如何创作出符合时代的优秀作品，如何继承传统、记录时代、探索未来，为当代留下艺术的文明贡献，这是每一个身处这个时代的艺术家思考的问题。上世纪80年代至90年代，我创作的作品是对那个时期乡愁、生存、人性、媒介以及原生文化、群体价值的思考与表达，创作了一批与当时艺术界略有不同的作品，并在中国美术馆和四川美术馆举办了个人作品展。随着改革开放的深入，我参与了国际交流，看到了一个全新的现代的艺术世界，与国际上几十个国家的艺术家们频繁交往，艺术家的责任、使命、表达又不同了。作为一个中国艺术家，我思考的是如何创作出世界性的，被东西方不同文化共同认知、欣赏的具有中国新文化的艺术作品。眺望西方的目的是回到东方的精神，回到中国文化精神的当代性的表达之中，以艺术性唤醒人类共同的感知。西方的先进文化近百年来一直在影响着中国文化，随着改革开放的深入推进，西方的一切都涌进来了，从而产生了民族的虚无主义，认为西方一切都是好的、优秀的，中国都是落后的。当对西方全面了解后，你将对中国优秀文化抱有一种让世界认识的责任感，想要创作出一批优质的作品去参加国际“擂台赛”发出声音。经过十多年的努力，我的作品在国际双年展中获得了特别奖，让国际艺术界通过作品，了解、欣赏、赞美中国文化，学习中国语言，学习中国艺术，传播中国文化。一个艺术家所表达的一切，都是生活与时代给予艺术家的馈赠，也是艺术家生命中一个个微小的经历叠加而形成的价值观和艺术观，在龙泉驿的人生经历和生活空间对我艺术的成长有着重要的影响——真实而美好。

〔李云〕2016过去了，2017来了。新年新气象，祝您新年吉祥，艺术之树长青，艺术之花常鲜！也请您对龙泉驿人民说几句话。

〔董小庄〕时间飞逝，光阴荏苒，我们聆听到2017年即将来临的时代脚步。龙泉驿这片土地，以悠久的文化、崭新的面貌书写着“中国梦”的时代新篇章，龙泉驿人的脚步是坚实的，信心是饱满的，对未来充满着希冀。作为一个龙泉驿人，我感到无限的荣幸与骄傲。我们赶上了一个好时代，虽然前进的路上还有很多不如意的地方，但我们一定要充满信心，担当时代责任，为实现伟大的“中国梦”，一起上路，再创辉煌。

〔李云〕这些年您做了很多艺术领域的探索，跨国跨界不断交流合作，不断变化艺术表达手法，不断超越自我，您究竟在追求什么？

〔董小庄〕艺术是拿来超越的，没有超越就没有艺术的文明与艺术家的梦想，特别是我们身处一个伟大的时代，一个人类从来没有经历过的科技飞速发展、文化冲突融汇的时代。一个艺术家的表达，必须顺应时代，关注时代与人类所面临的问题，力所能及地唤醒人类生命真实永恒的需求，以避免人类过度的欲望造成精神的丢失。这20年我游历世界，了解不同国家不同民族的生存状况，认识到不同的价值观与知识局限造成的国与国、民族与民族之间的冲突，让世界文化间相互增进了解、理解、欣赏十分重要。近十年来，我力所能及地邀请国际上一些著名艺术家来成都举办展览、讲学、体验成都，用他们的亲身经历去传播一个开放、活力、真实的中国。艺术的力量是无穷的，往往超越了语言、超越文化、种族。

包括我用五年时间做的“艺会五洲”国际文化生存体验项目，是对当代人类文化一次深度思考的实践。语言往往容易被误读，如果两个艺术家回到人性和心灵的本质会如何？不同的文化视觉表达，碰撞、冲突如何修正、解决？两个艺术家不得不共同去创作一幅画，如何坚守自己的主权，这个矛盾造成的艺术家的心理冲击与激荡又如何解决？如何超越知识与经验，唤醒心灵深处的善

董小庄作品

与美好？如何面对另一个自己，和另一个他，并创造出一个新的文化动因？

这一切的一切都是对人性的挑战，对艺术家灵魂的挑战，也是对当代跨文化的思考与探索。在“艺会五洲”项目中，也有艺术家无法承受失败而放弃。共同坚守、共同承担是对灵魂的洗礼，是对当下的诘问，是对人性品格的提升，是对知识经验的怀疑，是对不同文化的尊重，也是对我自己重新认识艺术与生命的挑战。艺术家的灵魂永远是不安的，当今社会，世界不安，人类不安，我们要敢于正视不安，面对不安，从而回到静安之中，这是我想表达的主题——“心安，艺术安，人类安”。

〔李云〕请介绍一下跟您合作过的五大洲的几位画家朋友。你们是怎样合作的？合作遇到过瓶颈吗？是怎么突破的？

〔董小庄〕“艺会五洲”项目从欧洲开始，到亚洲结束，确实是对人性与艺术的挑战，这在中外美术史上没有过，是中国的改革开放经济发展赋予迎来的机会。灵感来源是我与欧洲比利时根特皇家大学设计学院院长马丁 · R. 巴延斯多次交流后的一次妄想。马丁先生在国际上是非常有名的大师级艺术家，我们相识近 20 年，因为语言不通，我们常常是用眼神和艺术作品交流，因对艺术的相互欣赏成为朋友。由于他对中国文化不了解而不断地误读中国，在这点上触动了我，为此，我邀请他到中国体验办展、讲学，这种美好的经历改变了他。

与美洲墨西哥埃米利奥 · 卡拉斯科的合作，经历了另一种生命的体验，玛雅文化的沉重、深厚与中华文明悠久历史的碰撞，燃烧出另类的闪耀的火花，埃米利奥 · 卡拉斯科对艺术的理解深邃广博，他的古典、现代、当代艺术都非同一般，自认为艺术问题基本解决了。当他知道将与我在一起画同一幅画时，新的问题开始了，艺术不仅仅有艺术问题，还有文化、心理、教育、知识、灵感、人性、欣赏、包容、技术、时间、空间无数的问题涌向画面，怎么办？我们只有重新上路，犹如把杯子里固定思维的水倒掉，去盛装新的鲜活的甚至是异质的水，去开启另一段艺术之旅。

墨西哥是饱满、深厚、力量式的拳击文化，中国是轻柔、空灵、模糊式的太极文化，两种文化的交融，滋生出另一种广阔的人文精神。我不知道世界上是否有第六感观的通灵之说，如果没有，为什么我与埃米利奥一见如故、灵魂相投，如前世的故友？一个是来自古老文明的美洲大陆，一个来自同样古老文明的中国，双方语言不通而心灵相通，这真是生命的奇幻，是无法解释的灵魂之语……

当我们在一起工作时，埃米利奥总是用快乐的情绪影响着我。他以独到的眼光和平实的心态投入到创作中。共同绘画也存在问题，常常会你把我精彩的部分抹去，我把你精彩的表达毁掉，在这种时候他总是笑笑，从没有一丝不愉快。

好的艺术作品也可能从毁灭开始，达到重生，我们总是期待出乎意料的结果。不断地选择、发现、重建、超越，是创作的必然常态，即使最得意的作品也常常会经历无穷无尽的选择而超越想象的到达，往往是神祇的指引。埃米利奥说："个人认为的精彩仅是个人判断，往往存在过去的经验之中，也可能是假象，合作需要两个人精彩的一致表达，这才是新的艺术，是这次活动的意义。来中国创作，就像是杯子里的水，原来已经满了，要倒掉，放空，再装东西，新东西、好东西、更有趣味的东西。董的身上的中国气质，是我需要学习、了解的。我们创作了更好的作品，与我过去不同，与董过去也不同，这很奇妙。"

埃米利奥的艺术经历让人羡慕。他出生在艺术世家，从小就得到大师级艺术家的教导，涉猎艺术非常广泛，版画、油画、雕塑、设计、壁画，即使是对当代艺术也有极高的造诣，装置、邮件艺术也都涉猎至深，甚至在世界教父级当代艺术大师博伊斯工作室工作达三年。在墨西哥组织了新艺术协会活动，在当今欧洲、北美、南美很多博物馆、美术馆都能欣赏到他的作品。他曾获墨西哥国际艺术奖和 Pedro Corone 奖，意大利理想博物馆"达 · 芬奇"奖和多种国际奖项。在世界各地举办个人画展 91 次、联展 164 次，是国际上非常有影响力的艺术家。

静默的和谐，成为彼此最自然的表达方式，何尝不是灵魂的契合、人世间最纯美的关怀!

澳大利亚悉尼的当代艺术家托尼 · 苏格特，年长我三岁，是澳大利亚排名前十位的世界级艺术家。听说共同创作，他边摇头边试探地走进了我的工作室。

托尼 · 苏格特作为西方世界成长起来的现代艺术家，他是现当代艺术的亲历者、创造者，也是艺术活动的推动者和经营者。特殊的成长经历和多重的艺术身份造就了托尼无与伦比的艺术世界和与众不同的精神价值观。

两个异域成长起来的人，两个完全不同风格经验的艺术家，在同一张画纸上进行创作，对于托尼而言是前所未有的尝试，他甚至在一开始就断言这不会成功。但即使困难重重，却仍然接受了我的提议，最终，他对中国文化的热爱以及习惯直面挑战的个性将他带到了成都，成就了这次令我毕生难忘的艺术合作。

托尼爱喝可乐，来到我的画室却与我同饮中药，从身体到心灵的完全投入，让我们一开始充满困难的尝试变得越发有趣、有意义。当现代艺术的色块与中国 1960 年代的五线谱相遇，当汉字的书写性与篆刻排列出的流动性交织，我们同时陷入了陌生的“异质空间”，一个充满陌生感的颠覆性的世界由此而生。如今想来，这依然是只能在我与托尼之间，在某个时刻，偶然性的，也再难复制的天时地利。我们共同毁坏，也共同建立并且无可避免地共同失去。

我们创作了“空山”“无相”和“祛病”三个系列艺术作品。托尼厚重、坚韧却又轻松快乐的个性令我心悦诚服又深受感染。艺术总是不完美的，艺术家总是不断追寻着完美且接受着每一次的不完美。我和托尼共同探索到了一个特殊的时刻，一个绝对不同以往的哪里都不是的场所，而我们都还想要更多。

空山无相，在有限的生命中寻求那些几乎不可能的事。我想，这正是艺术，与身为艺术家的意义。

南非开普敦青年艺术家阿洋达 · 马布鲁，在 2014 年 8 月的一个傍晚，“非洲来了，不经意地踏歌而至，他是那样帅气、雄强、潇洒。以蓬勃的生命、激越昂扬的态度进入我的视野”，让你不得不直面他的强健与伟岸，并以另一板块对接碰撞，连接那一片未知……

未知是艺术家的情人，世界的魅力，总是在未知中前行，选择一个年轻人与我进行文化生存体验，进行灵魂对话，并非我的初衷。经验与知识告诉我，人生经历的屏障是很难逾越的，何况两个年龄悬殊的艺术家的合作。而上帝告诉我，放下分别心。来了，就迎接，去与留、顺与难、成与败，冥冥之中自有安排。

阿洋达的到来，使我再一次确信，世间一切因缘自有它的轨迹，常规的判断会造成错觉，我们应该善于回归到生命艺术的直觉。人的内心有一个巨大的场，场的能量可以超越无限性。唯一需要确定的是，你是否做好了准备，去迎接另一个自己，用新的眼光、无界定的智慧去开启另一扇门。

阿洋达是一个坚定的艺术追梦人，他的艺术是他生命的全部，是那片土地滋养的肥沃草场，在他的血液中音乐就是绘画，绘画就是文字，文字就是呐喊，呐喊就是歌唱，歌唱就是舞蹈，舞蹈就是生活，生活就是艺术，艺术就是救赎，救赎就是责任，责任就是政治，政治就是引领，引领就是行动，行动就是解放，解放就是自由，自由就是艺术。阿洋达的艺术是整体性的，充满生命活力与艺

董小庄作品

术的激越。

作为当代人，我们常常惊叹自己文化基因的强大，非洲的文化血脉与中国大凉山的原生血脉惊人地相同。人类祖先的原初文化印痕深深地扎根在每一个人的基因中，那种人对自然的依恋，人神一体的灵魂情景，山川、大地、草木、白云、江海以爱的滋养纯化着我们的心灵，这一切不知不觉地让我回到了久违了的大凉山。淳朴与真实中，大凉山上“月亮的女儿与太阳的儿子”昼夜交替，血脉更因。我与阿洋达共同沐浴在那一片水草丰盈、微风荡漾、万物有灵的情景氛围里，去追寻那永恒的美好……

亚洲缅甸当代艺术家埃可，2015 年 9 月 4 日与我开始心灵之旅。一个不安的灵魂与另一个不安的灵魂一起去叩问生命的意义，生命还有意义吗？意义又在哪里？怎样才能跨越生命的意义，唤醒生命的追问与觉知，让生命有尊严、能自由、追平等、越苦难？艺术的终极意义能否接近生命的本真，超越现实的冷酷与不安？我们从哪里来，我们要怎样地活着？这一切一切都叩问着那不安的现实与心灵的寻觅。

我与埃可的共同文化生存体验，给心灵增添了另类感知的意趣，亚洲人共同的文化脉络含蓄、内敛、谦和、忍让，使双方能很快进入“合作”，但这种合作绝对不是两位艺术家想要的状态，它阻碍着个性鲜明的人生命向力的挥洒。我很快告诉埃可，文化生存体验不是温良恭俭让，艺术家的主权不能丢，各自的精神外化必须强烈、鲜明、直接，画室就是擂台，拳击比赛已经开始，我们必须在擂台上打出新的天地，创作出我们从未有过的作品。安静的埃可突然十分激动，一拳击在桌子上，用英文大吼一声：“对的，要拳击！”

从谦谦君子到本性介入，两个活脱脱的人在一块画布上尽情恣意，时间消失在空间里，合作进入另类感知天地，记录着文化碰击、观念冲突、主观立场、生存融汇的状态。虽然我们同处亚洲，同样受到佛教的浸润，同样游历世界，同样接受新观念新思维的洗礼，但人生经历、生命基因、所处环境有诸多的不同，生命的张力同样呈现出不同的表达，创作的每一过程都是身心的洗礼，是一种文化对另一种文化的学习与尊重。

他们每一个人都是值得欣赏、赞美的。他们以艺术家的责任、态度，以及思辨接受人生的挑战，冲破旧有的规矩，去探索艺术的未知，去洗礼迟钝的心灵，去完善人性的大爱，去践行当代艺术的跨文化责任。通过“艺会五洲”活动，我们把艺术还原为生活，还原为一种声音、一种表达、一种责任、一种思考与超越。合作教会了我们如何更真实地面对生活。

〔李云〕他们不会说汉语，你们是怎样“勾搭”上的？这一定很有趣。请您讲点花絮满足我的好奇心。

董小庄作品 尘世莲花系列之七

〔董小庄〕寻找艺术家和完成“艺会五洲”项目，可以说是五年的纠结、企盼，是一次文化心灵的艺术实践，行动大于作品的意义。两个不认识的人，要走在一起生活一段时间，想来就令人抓狂。加之要在一起创作，没有语言交流，无法预谋结果，一点一点试探，到疾风暴雨表达，再到心有灵犀、感知，整个过程是对自我的认识，也是对他、对我的心理认知。很多感觉是无法用语言来形容的，犹如艺术家完成的视觉艺术作品，不同的人有不同的解读，而且是无法解读清楚的，这就是视觉艺术的特性与魅力。当然还有一些人在欣赏艺术时完全以知识投射艺术，从而遮蔽了个体的艺术感知，不能敞开心灵与艺术对话，对于人生来说，是非常遗憾的。艺术会让人体验到生活的不同侧面。

当我和马丁·R. 巴延斯不满足于传统式的相互展示自己作品的旧有形式时，决定冒险在一起共同画画，可以相互抹掉对方的表达。这比想象的要困难百倍。如同在没有竞赛规则下的拳击、击剑、柔道、摔跤、射击……又像两人朝不同方向奔跑，若即若离；也有不期而遇的默契，以及在合上节拍后共同吟唱的美妙一曲，那时刻是少有的，格外地令人惊喜。这是一种超越正常人承受力的磨难。

我们冲突不断，特别是西方的一个绅士马丁先生，家中一尘不染，衣服折叠得像军人的被子，每天每件事情都规划准确，与一个东方思维的艺术家一块画画，他当时崩溃了，好几次哇哇叫找翻译到画室，他无法证明哪些该画、哪些该抹的时候，是那样无助、无语，但要结束这次挑战，他心是不甘的。20年的友谊不能失去，只能从头再来，心理的磨砺、超越、完善，用艺术证明人是可以超越的，当作品完成展览开幕时，马丁先生热泪盈眶，不能自已。

〔李云〕您个人的创作不断推陈出新，活力十足，创造性强。我曾带领一帮朋友观赏了您的一批荷花新作，色彩干净、绚烂，都呼太美了，都很喜欢。请介绍一组您最得意的作品给读者。

〔董小庄〕艺术家在不同的人生阶段创作不同的作品，这是艺术家真实生活的一种艺术表达，他的灵感来源于艺术的责任与真实，作为艺术家，他不应该仅仅属于自己，他所创作的作品，应该是让艺术通过自身的魅力去实现艺术家的目的，我对荷花的表达，是这个时代的人心灵向往的企盼，在这个快速的时代，人们显得慌张、压抑、无适、碎片。我用禅心、莲韵、明媚、自由、宁静、高歌幻化出有别于其他时代的眼中之荷、心中之荷、梦中之荷，人的精神世界与荷的高洁、旷达、开创或凝结成荷花新的视觉表达，一些观者称我为“荷语者”，是一种褒奖吧!

〔李云〕前不久您又举办了一次大型个展，观众反响很好。请问这次个展与以前的有何不同?

〔董小庄〕前不久又创作了一批新作办了展览，在美术界引起了一些关注。顺势而为，没有刻意追求什么，是人生对当下的一些思考和艺术语言转换的尝试。20 世纪人类在追问：我们是谁，我们从哪里来、要到哪里去？ 21 世纪在我生命价值的追问中，我更多关注的是“我在哪里”。如何担负责任，重新上路，人类近百年的高速发展，给人类自身带来了无以复加的沉重。文化强权、宗教冲突、资源掠夺、环境污染、战争暴力、恐怖袭击，当今世界进入群雄割据的时代，人类的出路在哪里，文明的人类在哪里，这一切的一切值得警惕诘问，这是人类真正向往的生活吗？人是不能超越时代的，但每个人都可以超越自我，只要你愿意去担负人的责任，就能改变自己去创造未来。

最近组织策划了一场叫“或者”的五人展览，我创作了一件在观念、文本、媒介都有别于过去的作品叫“啐”，26 张四尺宣纸为一件作品，并邀请了四川 26 位著名诗人与我共同完善作品，尝试艺术呈现的多维度和艺术身份的跨界融汇。作品以渐变的色域形象，以 26 个篇章承载不同的自然与生命的宏大过程，

董小庄作品 尘世莲花系列之三

鸿蒙初开，黑白两极，惊魂、迷茫、人性交集碰撞，人神共舞，每一个观者都能从作品中找到共性的感知与个性的差异，面对作品几乎都会低下高贵的头，以宁静、虔诚的心与作品的诗意对话，寻找心灵深处幽远的精神投契地。优秀的艺术有修饰心灵的作用，有开启无限智慧的召唤，有对未知领域的好奇，还有对另一个自己的认知，让人从虚幻的生命中去寻找真实，从投射的世界里感知艺术的疏离的梦境，从而净化灵魂，追逐无限的可能。

我通过中国式的哲学思想，去呈现当代文化、人类共同感知的东方精神，也是我对中国水墨精神在国际文化语境下如何表达当代性的探索。艺术是没有国界的，但真正做到无国界是很难的，文化大多是地域性的，只有回归到最本质的人性之中，回到当代文化的审美表达之中，艺术才具有国际性。

特别是中国的当代艺术，不应该是西方哲学图式或语境的翻版、模仿，东方的文化有别于西方，更确切地说，要有东方的思维、气象、观念、格局，在平常的事物中，一点一滴都具中国式的当下的文化精神，这是伪装不了的。这并非艺术家个人的外在的取舍，它是心灵在人类共有的文化基因中沉淀的结果，是原始社会一路奔涌而来的生命河流的表达与呈现，真实不虚。

生活的真实就是艺术的真实，当生活成为艺术后，生活与艺术也就一体了，就没有为艺术为人生的说法，二元对立本是矛盾的根源，当人类发现二元性后，也一直在努力去超越自我的囚笼。

〔李云〕在您合适的时候，请回到龙泉驿。龙泉驿的历史、文化、桃花、汽车、好山、好水、美人都是很入画的。龙泉驿人民正在快速实现自己的“中国梦”，欢迎您用画笔描绘最新最美的龙泉驿。

〔董小庄〕好的。作为龙泉驿人，我深爱着这片土地和朋友们。让我们一起为龙泉驿的明天担当责任，一起上路，增砖添瓦，为时代的文明，再做贡献。

国画家廖国山

【艺术简介】

重庆开县人。先后入四川美术学院、北京艺术学院、成都翰林艺术学院学习。国二级美术师，现为四川省艺术院国画家、中国卫生美术研究会会员、四川省美术家协会会员、四川九寨沟画院、四川天骄大熊猫画院院务委员、成都市龙泉驿区美协常务副主席、成都东山书画研究院副院长。代表作有《峨眉烟云》《呼唤雄风》《峡江秋韵》《回归》等。出版有《廖国山彩墨山水画作品集》《廖国三花鸟画作品集》《丘陵东山——龙泉山写生集》《画事心迹》等；发行《东山情》《龙泉春晓》山水画日历、《落带客家风光》《和谐之春》《红了樱桃》花鸟画明信片。

一个艺术家要有追逐艺术的定力和憨劲

——国画家廖国山先生访谈录

〔李云〕尊敬的国山先生，我们知道您从开县到龙泉驿工作生活定居已20余年，可以说是在龙泉驿成长起来的国画家，而且您以画龙泉山为主，地域特色鲜明。请问当初龙泉山什么特质吸引了您？

〔廖国山〕我是重庆开县人，当年任开县美协作品评审委员会主任。从小就喜爱画山绘水的我为了心底的梦想，追逐到了省会城市成都，也因这里的龙泉山与故乡的南山在地质地貌上极为相似的缘故选择了龙泉驿。来到龙泉驿已26年了，我孜孜不倦地爱龙泉驿、画龙泉驿，是一个资格的本土画家了吧。

我曾当了八年知青，来龙泉驿在计生系统工作也常常下乡走村串户。喜山、好山是我的天性，转山、游山是我的乐趣。二十多年来，我的足迹遍布龙泉山，这里的山山水水润泽我的心灵，也记录在我的画册里。龙泉山辉煌的文化历史，一百多处自然和人文景观，人文轶事、历史遗存、民间典故我了如指掌；青山中的农家小户、门庭院落，客家建筑风格，展现出生命气息及人与自然的和谐

廖国山作品 满架葡萄香欲滴

状态；春日桃红、夏时清幽、秋后霜黄、冬来枝疏影稀的朝雾暮霭、风晴雨雪的时令变幻，常常令我激动不已。“澄怀静观，畅神观道，身边撷取”，可以说我与自然山川融汇成“天人无际”“天人合一”的境界了，思想已进入山水文化的殿堂。

〔李云〕您对龙泉山有特殊感情？您围绕龙泉山创作了多少幅作品？它们归向何处？

〔廖国山〕是的。一个画家不仅要热爱滋养他的土地，更应该用担当和责任心去努力回报。在龙泉驿的二十多年里，我的作品入编多种画册、画集，同时我也出版了很多画册。单就龙泉山写生近千幅，出版有《廖国山线描写生集》、《丘陵东山—龙泉山写生专集》。创作出版了《东山情》《龙泉春晓》山水台历共 6 万册，中国邮政发行《洛带客家风光》山水明信片、《红了樱桃》龙泉四季花鸟明信片 24 万张，最近又出版了《翰墨心语相约客家山水作品集》。多数作品走向我国港澳台地区，东南亚国家，被各界朋友广泛收藏，部分大件作品悬挂在省、市、区政府机关，企事业单位的厅堂、会议室等公众场所。

〔李云〕请介绍下您的得意之作。

〔廖国山〕艺无止境，我还将努力。《峨眉烟云》获建国 45 周年中国当

廖国山作品 远峰带雨色 落日摇川光

廖国山作品 龙泉枇杷最香甜

代书画精品展银奖，《呼唤雄风》获“花园杯”全国书画大赛二等奖，《峡江秋韵》获中国长江三峡美术作品优秀奖，《回归》获中国翰林书画作品展优秀奖，《云涌雷动亭》获中华艺魂峨眉山杯全国优秀作品奖，不少作品入编中国国家画院《当代书画家翰墨精品集》，四川省委宣传部、省文化厅《四川中国画大展作品集》及《中国翰林书画作品集》《建国 45 周年中国当代书画精品集》等书画作品集。有反映龙泉山的作品《苏醒》《晨曲》《春拂桃乡》《和谐山乡》等参加全国展事，其中《晨曲》获中国人与自然全国展优秀奖，《和谐山乡》获四川省人文美术作品二等奖。《龙泉山八景图》参加“四川名家国画作品展”并入编画集。另有不少作品以地方名片形式发表于许多城市重要刊物。

〔李云〕您除了画画，还写文章？

〔廖国山〕是的。中国画悠久的历史植根于中华民族浓厚的文化沃土中。研究中国画在解决笔墨、结构语言后，就需要解决画家的人文修养和中国画作品中的神韵问题。传统的中国画讲究诗书画印四绝合璧，画家必须读书题诗，练书法。实际上，中国画画到后期，技术并不重要了，而是比拼画家的文化和修为，一幅高品位的中国画就是一篇视觉下的文学华章。近些年，我通过与作家打成一片，自己不断阅读与写作实战训练，解决了我画面的题诗题词问题。

〔李云〕一个艺术家的成长需要天赋，更需要“地赋”。地赋很少被人提到，都一味地强调天赋。您是怎么理解地赋之于一个画家的重要性的?

〔廖国山〕艺术需要天赋，我也知道我占点点天赋，但我更记得李可染先生说的那句话，“艺术往往属于那些天资稍平，而有着顽强劳作精神的绘画者”。绘画的本体是画家的劳作态度，是诚实的劳动精神，我把它理解为一个艺术家追逐艺术的定力与憨劲，不懈的努力就是地赋的根基。而赋，是一个文化用词，它提醒我们在劳作时首先要接地气，要继承劳动的文化传统，要学习劳动中的先进技术，选择适合自己的劳动人文环境，提高自己劳动的超越能力和文化精神。勤劳与用心两者结合才是通向艺术峰顶的路径。天赋再好的人，不把自己的想法在艺术作坊里以劳动形式表达出来，思想仓库里就不会产生新的艺术火花。

〔李云〕对，天赋是爹妈给的，是定量；地赋是后天的修为，是变量，比如人文地理环境的影响和自身的勤学苦练等。艺术家的个性一般都比较张扬，而您的性格有明显的温良谦恭让成分，这是为什么呢？它影响您的画风吗?

〔廖国山〕艺术家的作品要有个性，张扬出自己别于他样的艺术面貌。人们常说“画家提起笔来四大皆空，天下老子第一”。这是叫画家不受一切束缩缚，放胆去绘画，努力放大自己的艺术特征，不是把这种绘画状态带到生活中，更

廖国山作品 雷动亭

不能融进自己的人格品质里。放下笔便成佛，谦恭礼让恢复人之初的平和本性。

我出生在一个知识分子家庭，父亲蒙冤屈辱致死，母亲被迫害成右派。我敬佩母亲，目睹她经历无数次历史错误，并引领我在艰苦的生活中磨砺成良善天性，用一颗平和向上的正直心态去面对世间一切俗事。我的《苏醒》《呼唤雄风》《雷动亭》《滴水亭》等作品是心灵深处对生命的讴歌、对人性的呐喊。而在描写身边自然山川的更多作品时，就如四川省艺术院院长、美学评论家陆加强博士对龙泉山系列给出的评介：“先生寄情感于朝晴暮壑、风霜雪雨、春夏秋冬的季节时令变幻之中。融个体情绪于桃红李白、秋黄夏荫、山黛树色的人与自然和谐的天人合一景象中。将一个文化人心中的田园梦想和桃花源般的美妙意境融进诗画里，让繁忙的都市人感受到身边这片恬适的美丽净土，从而洗涤物欲生活带来的一身浊气，这是先生追逐的具有禅心的诗意境界。”

〔李云〕一个人的童年遭遇是会打下终身性格和心理烙印的。这并不一定是坏事。相反它会砥砺您的意志品质，使您更坚韧更深刻。祝您在今后的创作道路上，收获更丰!

〔廖国山〕谢谢您的鼓励支持!

画家徐新华

【艺术简介】

中国教育学会会员、四川教育学会会员、成都教育学会会员、成都古驿书画研究院画家，美术教育家、中学一级美术教师。毕业于四川教育学院本科，师从著名美术教育家崔琰教授、四川美术学院杜泳樵教授。擅长油画、水彩画、水粉画。长卷中国画洛带古韵图获全国中小学教师美术大赛一等奖。

“我无法用语言来表达对客家文化的热爱”

——画家徐新华先生访谈录

〔李云〕尊敬的徐先生，您好！您潜心十年绘制的20米长卷《洛带古韵图》，很少有人见到。能否给大家介绍一下？

〔徐新华〕好的！《洛带古韵图》是一幅工笔淡彩绢本的中国画。长度为20米，宽度为0.4米。这幅画是我用十年的时间精心绘制而成的，《洛带古韵图》内容是反映明末清初洛带古镇春节期间人们欢庆春节的热闹场面的。

全幅画描绘了洛带明清时期的古建筑，其中有现在被称为“国宝”的广东会馆、江西会馆、湖广会馆、川北会馆以及洛带大量的民居，如巫氏大夫第等，人物有3500多。

整幅画从绘画的构图和情节来讲，一共分为四个高潮。第一个高潮以广东会馆建筑群为一个单元，结合了洛带有三百多年历史的刘家火龙，整个场景有玩龙的、放炮的、放硫黄烟的、击鼓的、打锣的、看热闹的，人们穿着节日的盛装，观看热闹的场面。其中大头和尚和舞火龙的最为精彩。第二个高潮是以

徐新华作品 客家晨曦

徐新华作品 客家秋韵

江西会馆为一个单元，呈现当时的人们在观赏古老的川剧，这个场面是表现人们的各自特点，通过不同的服饰，反映古老的川剧文化。第三个高潮是以湖广会馆建筑群为一个单元，以我国传统的舞狮为主，三个不同的舞狮者做出不同的舞狮姿势，把狮子表演得生动活泼、栩栩如生。第四个高潮是以客家民居巫氏大夫第为代表，反映客家人的婚嫁习俗，我把婚嫁的场景和巫氏大夫第的建筑有机地结合在一起。以上所说的就是这幅画所表达的主要内容。

〔李云〕《洛带古韵图》在绘制上有什么特色？它的难度在哪里？

〔徐新华〕我首先回答第二个问题。我是学油画专业的，师从“东方灰色大师”——四川美术学院教授杜泳樵先生。在四川教育学院美术系学习时，我也选修的是油画专业。俗话说，隔行如隔山，我是从2001年开始研究客家文化的，当时只是画了一些小品。随着对客家文化研究的深入，博大精深的客家文化令我无比激动，画一些小画难以表达我对客家文化的热爱，我想能不能画一幅长卷画来反映客家人的风土人情呢？于是我从2002年开始用了三年的时间画了一幅钢笔画7米长卷《客家古韵》，被四川电视台、四川网络电视台、四川电台、《华西都市报》《成都日报》《成都晚报》做了专题和新闻报道，在社会上引起了一定的反响。成都东山画院院长熊英杰老师建议我用中国工笔画的形式来反映客家文化，可是对我这个学油画专业出身的来说是一个极大的挑战。但是客家文化的魅力又深深地打动了我，我试着画了一幅小草稿，并请著名的中国画画家、四川教育学院教授吴储经老师给予指导，难能可贵的是，吴老师不但给我提了不少宝贵的意见，还亲自给我画了如何修改的草稿。客家民俗专家李声鸿老师也多次给我提出了宝贵的建议，才使得这幅长17.25米的白描稿得以完成。在此一并致谢！在几年的绘画过程中，我数百次到洛带古镇写生，积累了大量的写生稿，同时也对洛带古镇的古建筑，客家人的生活、习俗、服饰、饮食、礼仪、火龙、水龙等多方面进行了深入细致的研究，并参阅了大量的历史文献，才创作出这幅《洛带古韵图》。使我感到欣慰的是，虽然这幅画还存在着许多缺陷，我总算把它完成了，也算是对这十年客家文化研究的一个总结吧!

这幅画有什么特色？我认为就是创新，艺术贵在创新。正如毛主席他老人家所说的："古为今用，洋为中用，取其精华，去其糟粕。"在欣赏《洛带古韵图》这幅画时，你会发现全幅画的线条都是弯曲的，不少人都在问我这个问题，为什么大部分线条都是弯曲的呢？就是这幅画在技法上的一大特色，我把装饰性艺术绘画的变形元素融入了中国画中。传统的中国画，例如国宝《清明上河图》的线条是直的，在这幅画中我采用了传统国画的技法，工笔淡彩，同时又融入了现代西方的绘画元素，把国画的散点透视和西画的焦点透视相结合，吸取了西方绘画的素描、明暗技法、色彩技法。可以说这幅画是以继承传统绘画为主、吸收西方艺术为辅的中西结合体。

著名美育专家古海先生是这样评论的："我不知道美术界的权威们会怎样看待徐新华老师的作品，但我有我自己的审美，有我自己的感知。我知道，这是一种极富创新精神的艺术呈现，是一种独特的追求和异类的风格。她的美，冲击了我们的视觉，刷新了我们以往审美的习惯标准，颠覆了我们对平面艺术视觉的传统积累，它以现代电子技艺开辟了一种新的艺术表现空间和审美维度。仿佛是镜头光学畸变带来的视觉扭曲，又好似水波倒影呈现的光怪陆离的奇异视界，更近乎数码曲线造成的色彩皴裂与压缩变形。美术的创新首先是呈现方式和艺术风格的创新。徐新华是这样的实践者。我一贯认为，美的东西不分出处，无论是毛笔画的、电脑画的、刻刀刻的，美的就是美的。这就是美的客观性。我们希望看到更多这样能够给我们的视觉带来震撼和冲击的好作品，更支持徐新华老师以及所有这样富有创新精神的老师们。"

徐新华作品 月光曲

徐新华作品 客家月色

〔李云〕您绘制这样一幅客家长卷想表达什么？

〔徐新华〕300多年前，在“湖广填四川”的移民浪潮中，素有“东方犹太人”之称的客家人中的一群，从粤、闽、赣等地出发，跋涉千山万水，来到成都东郊的洛带，他们聚族而居，相依为命；耕耘蜀土，创建家园。在数百年的漫长岁月中，世事沧桑，风云变幻，蜀文化的包围，都市文化的诱惑力，都没有让客家人丢弃自己的文化，没有被同化，也没有被淹没。反而，洛带客家人将客家文化深深地根植在了洛带这片土壤里，至今熠熠生辉。

客家人是艺术天才，天生的建筑大师。他们定居洛带后，建造了大量的客家会馆，如广东会馆、江西会馆、湖广公馆、川北会馆。或大气磅礴，或平和雅致，风格迥异，匠心独运，至今保存完好，是洛带客家文化中的一颗明珠，而且一个镇上有如此众多的会馆，在全国绝无仅有。特别是位于洛带古镇上街的广东会馆，是目前四川省近1500座会馆中保存最好、最具客家风格的客家会馆。

广东会馆顶部盖以黄、绿色琉璃筒瓦，脊凌空横卧，重檐钻尖飞藏式，中花高指云霄，脊状翼然，殿宇嵯峨，气势雄伟，壮丽璀璨。砖砌风火墙呈半圆形巨壁，高低参差，延绵起伏，犹如两条青龙腾空而起。整个建筑风格属当时的皇家建筑风格。各殿内圆木撑弓镂雕戏剧场面，明间阑额彩绘，卷棚、天花中棚和屋脊等，均雕刻了各式龙凤花鸟戏剧人物，造型逼真，十分考究，具有极高的艺术欣赏价值。

中国是传说中龙的故乡，国人对龙的崇拜可以追溯到史前时期。由此，炎黄子孙被称为龙的传人。龙是我国传统文化中最具代表性的艺术形象，它造型威武、气势雄健，是中华民族的象征，广泛出现在各种艺术形式中。舞龙更是成为人民群众喜闻乐见的活动。从古汉族脱颖而出的客家人，对龙的崇拜和对舞龙的爱好，更是情有独钟、源远流长。被称为“西部客家第一镇”的洛带，便长期活跃着一支由客家农民组成的舞龙队，由于其成员都来自当地的刘氏家族，且均为世代传袭，故周围乡亲都亲切地称其为“刘家龙”。我绘制这幅客家长卷的目的，想表达的是客家精神、客家文化。

〔李云〕您画了两幅客家题材的长卷，为什么独青睐客家？您对客家文化有何独到的认识和见解？

〔徐新华〕客家文化太伟大了，十多年来，我不仅画了《洛带古韵图》，还绘制了大量的版画、油画、水彩画、水粉画、钢笔淡彩画、钢笔画等作品，这些作品都是反映客家文化的。可以这样说，这些年我是用艺术生命来讴歌客家文化的。以前我是学油画的，对西方的油画艺术崇拜得五体投地，甚至到了迷信的地步。那时我年轻好胜，从心里瞧不起祖国的传统文化，认为传统文化土得掉渣，西方的月亮比中国的圆。通过这十几年来研究客家文化，我才真正认识到我们祖国的传统文化和西方优秀的传统文化同样伟大。五千年的传统文化灿烂辉煌，而客家文化又是这历史文化中的一颗明珠，至今熠熠生辉，我无法用语言来表达对客家文化的热爱。一个民族没有文化是可悲的。在现代化的“中国梦”中，更需要我们把中国优秀传统文化发扬光大，让它屹立世界民族之林。

〔李云〕最近您又在画十陵青龙湖湿地公园和成都宽窄巷子？是什么情况？

〔徐新华〕最近一段时间我在收集十陵青龙湖湿地公园和成都宽窄巷子的素材，画了一些水彩画和线描写生，为下一步创作做准备。艺术贵在创新，宽窄巷子和洛带古镇是优秀的传统建筑文化，但宽窄巷子又有它的个性和特点。青龙湖湿地公园最适合用水彩画的形式来表现自然风光，而色彩又是我的强项，我想从两个方面做一些新的绘画尝试。

〔李云〕您下一步打算画什么？个人有何创作目标和理想？

〔徐新华〕 2016年8月份，我把《洛带古韵图》送到北京天安门旁边的太庙参加展出，想通过中央电视台、中国教育电视台等新闻媒体向全国和世界介绍优秀的客家文化。我将会继续把重点放在创作历史文化题材上，想从青龙湖湿地公园和宽窄巷子两方面做新的尝试，准备画一套宽窄巷子的版画和青龙湖自然风光的油画。

我的职业是一名教师，绘画是业余的；我是一个画家，但我更愿当一名教育家。几十年来，我教的学生有数十名考上四川美术学院、四川大学等高等院校学习艺术，数百名学生在国际、国内、四川省、成都市、龙泉驿区获奖无数。匡世豪、贺洋等同学创作的“客家古镇”20米长的版画作品在“世纪之星”全国中小学生美术大赛中获得8枚金奖、12枚银奖、7枚铜奖，并被台湾中天电视台、东森电视台做过专题报道。我的理想是让孩子们把客家文化继承下去，让中华民族文化根植于孩子们心中，发扬光大。

版画家向思楼

【艺术简介】

1956 年生，四川通江县人。中国美术家协会会员、中国版画家协会会员、四川省版画艺术委员会副主任。四川师范大学美术学院教授，研究生导师。1992 年获“四川优秀青年”荣誉称号，1994 年获“四川十大杰出青年”提名奖，1995 年获“曾宪梓教育基金”二等奖，1999 年获“鲁迅版画奖”，2010 年获四川师范大学“师德教育标兵”荣誉称号，2012 年被授予“巴蜀画派有影响力的画家”。出版画册五辑。档案载入《中国优秀版画家》《华夏优秀学者》等多部辞书。

每一幅作品都靠心血浇灌

——访著名版画家向思楼先生

最勤奋的劳模：每天工作 10 小时以上

向思楼老师一向低调，很少参与宴请、聚会等社交活动，不搞关系，不吹不捧不张扬，只是默默作画。因为他打小从骨子里热爱艺术，这爱不随环境、地位的改变而改变。60 岁了，他的创作冲动却日趋强烈，吃住都在画室，不住舒适漂亮的家，不跟夫人孩子一起吃饭，一心要避开社会、家庭的干扰。他每天 6 点起床，洗漱、早餐，7 点准时埋头作画，泡一大杯茶搁在旁边往往忘了喝，实在渴了，端起来一饮而尽。他自嘲："我喝茶就是牛饮，就是解渴。没时间去品茶的味道。"到中午 12 点他就已经满满当当地工作了 5 个小时。

他惜时如金，有时一手接电话，一手画画，只要正事说完，不再多说一句。别人要和他闲聊，他就把电话挂了。家人多说一句，他也不爱听。这看似不近情理，但熟悉他的人都知道他的这个特点，不与他计较，理解他对艺术的执着追求。

向思楼作品 凉山之母 木刻

他年轻时进修、出国、外出写生一走就是几个月。有人问他夫人周老师放不放心，周老师是大学教职、学报的编辑，很优秀的一个女人，她哈哈一笑说：“放心啊，我知道他爱艺术胜过一切。”

向老师说：“我对画画、对艺术创作的爱，你怎么理解都不过分。如果容许我多选，我会选画画、旅游、不断恋爱、品茶、聊天、和家人在一起等等；如果只许我选一样，我就选画画，其他的爱好都可以舍弃，都可以为画画让路。”人家谈当先进、做处长兴奋，他谈艺术、画画才兴奋。他把自己的生活必需降到最低。走进他的工作室，日常生活用品一应俱全，因有“三高”，基本吃素。一日三餐自己就地解决，吃喝都简单到不能再简单。画起画来很少出门，不闲谈，不应酬。三间画室里墙上、桌上、床上、地上摆放的全是他的新旧作品，仿佛一间小型展览厅。

画画是他的第一需要。每次外出开会、讲学、办画展，向老师一下飞机就直奔画室，迫不及待地拿起画笔开始新的创作，犹如毒瘾发作。在上海办画展15天，他回成都直接坐公交车去市区买画画的耗材，胡子都来不及刮。他一天不画画心里难受，几天不画画就心慌意乱，那感觉就好像是自己的儿子饿了一周没吃奶。画就是他的孩子。他的创作态度十分认真，情感自然而真挚：每一件作品都像母亲十月怀胎一样，生下的婴儿是爱的结晶。

他从1974年开始刻第一幅木刻算起，至今已走过43年的历程。在43年里，向老师不断思索并从事艺术实践，一步一个脚印地艰难前行。他的一张大幅人物肖像画草图需要十天，刻版需要四十天，拓印一张画需要连续工作五小时。每一幅作品都是靠时间堆积而成，靠心血浇灌而成。

向老师是艺术界当之无愧的最勤奋的劳动模范!

追求的目标："全世界都有人收藏我的作品"

向老师说："木刻是中国古老的传统艺术，中国是版画的发源地，中国的木刻14世纪传到英国，比英国的印刷术早500多年，而我国版画的普及却远远落后于英国。在英国人心目中，版画是雅致而高贵的礼品。我要将它继承、发扬光大，我想画出既有中国精神、又有个人风格的木刻作品，既不同于外国人，也不同于中国其他木刻画家。中国传统绘画讲求的意境构成和西方现代的设计理念相融合，中国的剪纸手法和西方光影形式相嫁接，中国的平面绘画形式与西方的三维空间相自由组合，线条的韵律和流动、画面的丰富、刀法的流畅、轻松的画面效果、浓郁的地域特色等等都是我长期思考的课题。

向思楼作品 九寨沟珍珠滩 套色木刻

“有很多人说黑白艺术不行了，黑白木刻更不行了，我倒不以为然，我既然选择了这种表达我内心情感世界的艺术形式，就将一如既往地走下去。题材的选择和形式的表现是艺术家的自由，只要是美的，就是好的。在这里我要重复我初学木刻时的一句话：我要让全世界都有人收藏我的作品。”

成果斐然

向老师出版了4本个人画册，版画作品64次国内外参展，19回国内外个展，21次国内外获奖，被40多个国家和地区的私人收藏，数十家国内外主流媒体给予报道。另在100多家国内外报刊发表作品2000多件（次），包括国画、油画、版画、篆刻、速写、摄影、游记、散文、艺术评论、教学研讨及论文。

向老师新近出版的版画集《静无为》，已是他的第四本画册了，正方形开本，灰绿色封面，里面有他几十年来创作的70幅精品版画。其中《母亲》被英国大英博物馆收藏。

向老师在上海办画展，上海人说他的功夫很深，很有思想；在英国办画展，英国人说他的画保留了中国传统的东西，根基很深，不像大多数画西化了。“东方优秀的东西，西方才接受。人家真金白银掏出钱来买你的画就是给你投赞美的票。”

能让向老师引以自傲的事有好多桩：

一是2005中英文化年，英国政府拨专款邀请不超过10个中国优秀艺术家乘坐北京至伦敦的免费航班，前去办画展、做市场演讲、进行学术研讨等，向老师是其中之一。这不是一般艺术家能享受到的荣誉。

向思楼作品 九寨之水天上来 套色木刻

向思楼作品 山居图

二是欧洲经济萧条，导致北爱尔兰一家已有200年历史的画廊岌岌可危。他们主动找到向老师，邀请他的作品在画廊展出，结果游人络绎不绝前来观看、购买，使这家画廊奇迹般起死回生了。

三是向老师的作品在中国南方某地展出50多幅，被官方美术馆整体收藏。美术馆负责人说她在这里工作6年了，办了无数展览，从没有看到过这么美的画。该馆一次性全部买下一个艺术家的这么多画是第一次。他们认为向老师的作品有思想有文化，具有强烈的民族风格和个人特色，与众不同。他们深信，好的艺术品在全世界流通，跟黄金一样珍贵，一样经得起时间考验。

四是英国一年有7家画廊排队等候他的作品，要为他办画展。接二连三接到这些好消息，向老师天天偷着乐。

五是一次在英国办画展时，一对老夫妻驱车几百公里来观展，指名要买作品《母亲》，因为他们看到了宣传海报上面的这幅作品，很是喜爱。当地的文化官员开着大奔来观展，跟向老师如好朋友般握手，说了三句话：你很帅！你的作品果然与众不同！你在中国培养了很多学生，你在英国同样培养了很多学生！此前向老师在英国做访问学者、做驻馆画家举办了 4 期培训班，教了不少英国学生。

六是点击英文网站，会检索到 200 多条关于向老师在英国办画展、教学、写生的消息。

画家李声鸿

【艺术简介】

1957年生，四川省摄影家协会洛带客家文化创作基地主任。成都市美术家协会会员、成都东山书画研究院副院长、龙泉驿区美术家协会副主席、四川省文联丹凤书画院副院长。在长达数十年的创作过程中，得到苓学恭、白德松、邱笑秋等老一辈艺术家的指点，并以国画山水创作为主。其部分作品被巴金文学院收藏。

客家文化的活化石

——访李声鸿先生

客家人被称为“东方犹太人”，以不断迁徙著称。成都市龙泉驿区洛带镇周边聚居着十数万客家人，2005年世界客属第20届恳亲大会在洛带古镇隆重举行，千余名来自世界各地的客家人汇聚一堂，共商客家发展大计。一时间，“世界的洛带，永远的客家”成为四川省招商引资的宣传口号。此后，洛带古镇成为热词，在人们口中，在电视、报纸、电台盛传。

“世客会”这件盛事的促成是省市区领导狠抓、多部门合作的结果，但这其中离不开一种“酵素”不断地活跃、运动、发酵。其中跳得最高、活动得最积极的就是李声鸿。

李声鸿是客家人，1957年出生在洛带镇双槐村。他的祖辈从广州梅县迁徙而来，算起来他应该是李氏客家人入川后的第十三代客家人了，现在家族发展到200人左右。与他家族一样聚居在洛带的客家人约占洛带镇总人口的80%以上。正是客家移民后代对客家方言的完整保留和对客家习俗的执着传承这一独有的人文现象，让他对客家文化产生了浓厚的兴趣。他关注客家文化，对客家

李声鸿作品 龙泉三月

文化进行“田野调查”，研究客家人的历史、文化以及生存状况等。

为客家的发展鼓与呼，弘扬客家文化，成为李声鸿的文化自觉。他成为客家的代言人，在各种场合宣讲客家故事、客家人物、客家文化，三句话不离客家，积极活跃在官场、民间、学术界，起催化作用。他的拿手好戏是说、唱、演、画，一个人就可以整一台戏。作为客家人的后裔，无论是他的画、他的歌，还是他所从事的文化工作，都始终把客家文化的继承与发扬作为主题。洛带镇本来就是一个客家风情浓郁的古镇，客家文化是洛带古镇的文化根基。

李声鸿在洛带镇政府工作40余年，主要从事群文工作，先后当文化站站长、文化中心主任、客家艺术团团长、游客中心主任，到处调演节目，打交道和接待的都是党政军文化界人士。外国人和大小媒体，叫他说就说，叫他唱就唱，叫他演就演，练就了一副好口才、一副好歌喉、一身好才艺。钢琴、二胡、手风琴、笛子、葫芦丝他都会。他曾组团参加“泛珠江三角洲客家山歌邀请赛”和“广东凤岗六省客家山歌邀请赛”，组织演唱的《月亮弯弯爬上坡》和《讲起客家话》分别获得了大赛金奖。2001年春节，在他的倡导下，“第一届洛带客家火龙节”成功举行，此后以客家龙文化为基础，每年都相继举办“火龙节”“水龙节”，尤其是“水龙节”，被人们誉为汉民族的“泼水节”，延续至今。现在的洛带古镇已经被打造为中国西部客家第一镇。

李声鸿说他到五六岁都不说话，母亲曾以为他是聋子或哑巴。或许是小时候说得太少，现在要把以前没说的都说出来，补偿回来。2004年到2006年，他几乎天天在各种媒体上露面，中央电视台、中央人民广播电台上了不知多少回。港澳台客家圈子的活动，十处打锣九处有他。一时间，他大红大紫，声名鹊起，并成为龙泉驿区第六届、第八届政协委员，龙泉驿区第十六届人大代表，四川

李声鸿作品 龙泉之声

李声鸿作品 蜀山秋声

省文联丹凤书画院副院长，四川省美术家协会会员，四川省摄影家协会会员，四川省客家海外联谊会理事等。被媒体誉为“蜀中客家奇才”“客家山歌王子”“客家故事大王”“客家文化的活化石”等等。

他个人真这么想出名吗？非也。他其实是比较低调内敛的。他这么做完全是因为一种责任、一种使命的驱使——那就是要把客家人、客家文化宣传出去，让更多人群了解，让更大范围知晓。他所做的努力没有白费，世界的客家来到了洛带，洛带也走向了世界。

说他低调内敛，是因为我几次碰见他，他都在洛带江西会馆埋头画画，安安静静的，像绣花一样，精心绘制。而他的周围是熙熙攘攘的游客或各种嘈杂的声音，但他如入无人之境，只管画他的画。他主攻国画山水，已有不俗成就，在省市区办画展，在各类刊物发表，获奖无数，是远近闻名的“客家画家”了。

李声鸿从小就爱画画。早年他自创制作放映电影、幻灯片，画电影广告宣传画，中青年时期接受正规的中国画、西洋画的严格训练，基础扎实，接受过

李声鸿作品 家乡的印迹

著名画家岑学恭、邱笑秋、白德松等老师的指导，一步一步修炼至今。他的国画山水逐渐形成了自己的风格——雄伟壮丽、潇洒大气、不拘小节。这是他的画风，也是他做人的风格。

祝福他越走越辉煌！

画家姚思敏

【艺术简介】

国家一级美术师，中国美术家协会会员、中国画学会常务理事、中国工笔画学会常务理事、中国水墨画院学术委员会专家、四川省中国画学会副会长、四川省工笔画会副会长、四川省政协书画院副院长、成都市美术家协会副主席。原成都画院副院长。代表作《清音》获全国“中华杯”中国画大奖、《秋》获第八届全国美展优秀作品奖、《暮秋晚唱》获第三届中国工笔画会大展佳作奖等。出版有《姚思敏作品集》及《一个女画家的世界》。作品《苍茫天地间》《秋天的况味》被中国美术馆收藏。

艺术需要不断创新和自我超越

——著名画家姚思敏女士访谈录

2016年春节刚过，我想做的第一件事就是采访姚思敏老师。姚老师以她一贯的爽朗，在她和她夫君共同的工作室——龙泉驿阳光城“明星花园”——接待了我。刚立春不久，她家后花园的梅花已开了，蔬菜也长得正好。我们坐在阳台上，太阳正好晒着我们，好不惬意。谈话中途，我参观了他们的工作室。工作室有三层，一层是个开放的大客厅加天井和走廊，墙上挂着夫妻两人不同时期的作品。二楼是姚老师的画室，宽大敞亮 她夫君唐允明先生的画室在三楼，亦宽大敞亮。这座艺术家伉俪的别墅充满了墨香、书香，画作、书籍随处可见，而又整齐有序，仿佛一座小型艺术馆。

——采访小记

〔李云〕尊敬的姚老师，您好！您到龙泉驿居住多年了，当初怎么就选择了龙泉驿呢？龙泉驿什么因素吸引了您？

姚思敏作品 青山翠鸣

〔姚思敏〕十多年前，我和先生应一帮画家朋友之约想在成都郊外盖工作室，不知谁推荐了龙泉驿阳光城，当时阳光城这里还比较荒凉，不过很清静，有山有水，离成都又不远。12位艺术家现在入驻的成都阳光城明星花园工作室，是一位留学奥地利的建筑设计家专门为我们量身定做的西洋风格建筑，不仅有布局合理、宽敞明亮的画室和起居室，还有非常独特而讲究的外观设计、方正大气的整体造型、错落别致的门窗编排、方圆曲直的建筑语言，符合画家们的意愿，我们都很喜欢。

〔李云〕这些年来，您一直住在龙泉驿画画，龙泉驿给了您什么样的灵感？您的哪些重要作品是在龙泉驿创作完成的？

〔姚思敏〕龙泉山的山峦起伏变化、色调、山涧、果树、花草、民居、民风、民情给予了我们很多野趣和灵感，或许功夫在诗外，润物细无声吧，我们受到了潜移默化的影响和滋养。我在此创作了《秋天的况味》《花间信步》《香丛翠语》《东山春色》等重要作品。

我们是2008年地震后入驻“明星花园”工作室的，这间工作室本身是按照画家的意愿修建的：宽大、安静，使用起来方便、实用、好用，创作大型作品才挂得起来、展得开。2009年我创作的作品《秋天的况味》被选送进京参加第十一届全国美展并获奖。2010年为在北京中国美术馆举办的成都画院建院30周年美术作品展创作的大型作品《花间信步》，画的是孔雀在花间漫步的感觉，篇幅很大，约5米×1.8米，也只有在这样的工作室才铺得开。《香丛翠语》也是在这里创作的。接着创作的《东山春色》的灵感真正是来源于龙泉驿，画的是龙泉山梨花、李花的美。

我们每年春天都要去龙泉山看花，我喜欢梨花、李花，自己家花园里也种了梨树、李树，便萌生了想表达龙泉山的创作愿望。可以说，龙泉驿、龙泉山是我们的创作基地，也是我们身心休憩之地。

姚思敏作品 台湾阿布勒花印象

〔李云〕您的绘画作品被称为“放大了的花鸟画，缩小了的山水画”，形成了特色鲜明的个人风格。您有过创作瓶颈吗？您是怎么克服和突破的？

〔姚思敏〕创作瓶颈每个艺术家都会遇到，关键看你怎样去突破。一位评论家谈到我的作品时，称它们为“由破引发的从平面视觉的造型手段改为立体视觉的造型手段：从破墨破色到边缘轮廓的突破，从山水画与花鸟画界限的模糊化到工笔画与写意画的掺和，均是以破而立的一种尝试”。一句话把我的努力总结得妥妥帖帖，真可谓一语道破。

要创建个人艺术风格，必然要在现有的艺术模式中寻求新的突破。在打破某些旧的审美观念和程式的基础上提出新的审美趣味和表现程序。从古典主义到印象派到现代派再到后现代派等等，莫不是焉。不满足于清晰的边缘、细腻的表现而获得的恬静优雅的美而改为粗放跳跃的笔触，不确定的多重边缘所产生的轻松活泼、自然流畅的效果，这是由技巧的突破而引出的美；不满足于真实生动的生活场景的再现而改为纯抽象理性的排列组合，这是对审美对象的突破和改变而引发的美；不满足于习惯而通俗的美而改为荒诞怪异的展现，这是对审美观念的突破和改变而引发的尝试。而我感兴趣的却是在中国画这个大门类里对过去以题材或技巧来划分界线的规矩做一些交融与掺和，也可以算作一种突破。

其一，对山水与花鸟画界线的突破；其二，对写意与工笔画界线的突破；其三，对形象边缘的突破。这三点看起来似乎并没什么特别，早有人这样尝试过。但真正做起来，做好了，一直做下去，做成一种风格、一种现象，还是少有和不易的。这些东西当然地被我反复地展现在画面上，形成鲜明的笔墨语言方式，我不能说这种方式就是最好的方式，但一定是最能代表我的审美倾向的方式。

我不想被定位。我的位置不在东南西北，恰好在一块中间地带，也许这也算一种“破”，一种观念上的“破”。

〔李云〕您和您的先生都是画家，比翼双飞，成绩卓著，享誉画坛，令人敬慕。平时在家要互相切磋技艺吗？在画风上有没有相互渗透、彼此影响？

〔姚思敏〕肯定有的。我们会互相批评，当然主要是他批评我。我先生是科班出身，我是拜师学艺。先生勤于和善于研究问题的风格以及严谨审慎的学术态度，延续着学院派对我的影响。从他无时不在，且毫不留情的批评中，我逐渐填补起由自学带来的遗缺，明白了许多过去不曾明白的道理。

另外，他是男性，我是女性，他理性，我感性，想法、画法自然有很多不同。我们互相交流，互相批评，互相碰撞，互相启迪，家里长期保持一种互相批评的氛围，有时候明明在谈生活，一不小心又整成学术。有时觉得很累很辛苦，但同时也觉得很难得。有时画不走了，看到他还在猛画，自己就受到激励。这些都是好的一面。

先生批评我毫不客气，严肃、尖锐，常是一种“暴风骤雨般”的“打击”，真不好接受。有时我深受打击，非常沮丧，但忠言逆耳嘛，只要他讲得有道理，我就不因他的态度、措辞受影响，我会选择性地听取，消化吸收，进而改进自己。

我常跟我的朋友们说，我最大的成功不在获得了什么大奖和各种荣誉，而是在他的“毫不留情的打击”下我居然还在画画。可以说，我的每一幅大型作品都是两人研究、切磋、互相挑毛病的结果。

〔李云〕据调查，许多有艺术天分的年轻女性被爱情、婚姻、家庭、孩子所羁绊，所谓的艺术才华掩盖在现实生活之下，艺术之花没绽放出来，很可惜。您比她们幸运多了，您的成长经历愿意跟大家分享一下吗？

〔姚思敏〕我出生在乐山城郊的青衣江畔，由于种种原因，我16岁初中毕业没能继续升学读书、考大学。这当然很遗憾，但我又比别的女孩幸运，我的三舅杨风就是画家，我的伯父在成都某中学教高中语文，擅长古典文学。我想学习中国画，三舅成了我的启蒙老师。记得当时他给了我一些纸墨笔砚，教了我一些中国画的基本常识，并送了我几本20世纪50年代出版的《中国画》杂志，其中有一幅于非闇的牡丹要我临摹。他说学中国画一定要先学工笔。从此我开始了自己的艺术生涯。只要我有一点进步，三舅就会连声表扬、赞叹。后来，因我老住在成都伯父家生活，三舅又请李琼久先生介绍我跟四川有名的花鸟画家朱佩君女士学习传统工笔画。我要学文学，伯父又是最好的老师。这就是我的“大学”。当然，更为幸运的是我在艺术之路上遇到了志同道合、亦师亦友的丈夫唐允明先生。在三位亲人和多位老师的培养下，加上自己的不断努力，才慢慢成长起来。

〔李云〕您生活在龙泉驿，对龙泉驿的艺术家格外亲近、不吝赐教。我耳闻目睹您点评画家的习作，直率、坦荡，一针见血、不留情面。您就不怕得罪他们吗？对他们您有何见教？

〔姚思敏〕在艺术领域，探讨画技，有事说事，不弯弯绕，我觉得不会得罪人。相反在生活中我和他们更多是朋友。

依我的经验，我想对同行们说：一定要下定决心搞自己的面貌，一定要摸索创造自己的语言，一定要学会用自己的话来述说自己的感受。别人的东西再好也是别人的，自己的东西虽不一定成熟，但却拥有自己某些独具的特点。不成熟、不完善的方面可以通过努力让它成熟和完善，虽然艰难，常遭失败，没有顺手拈来那么轻松愉快，但是，这是创造。这是发现和打造自身特色的必要的过程。

我们可以借鉴别人或前人的一些优秀而成功的长处来丰富自己，却决不重复别人的意思，一旦发现这是一条他人走过的老路，是别人已经画过的东西，打住吧，另辟蹊径。不要舍不得已掌握的那点雕虫小技，也不要怕乱了阵脚，以为过去所拥有的技艺都会作废，其实只是换一种方式重新结合起来而已。而换什么方式，怎样组合却需要长时间的孕育、酝酿和反复实践，最终成长成熟。

姚思敏作品 天香

它跟“突发奇想”“迁想妙得”“点子”有一些关系，但那只是个开头，没有必然的因果关联。也许某些“点子”会偶然起些作用，不过，仅凭点子是绝不够用的（那种专靠点子不太讲求技艺的观念性的东西属于实验品，不在讨论之列）。因为这些点子全要靠相应的独特而娴熟的技巧来支撑，否则，毫无意义。纵观古今中外、上上下下的名师精品，无一例外。黄宾虹如果只有将具体对象浑然一气画的想法，而没有晚年成熟的一整套笔墨方式，能成为开天辟地的大师吗？这类例子之多，恕不赘言。正所谓十个优点比不上一个特点。

〔李云〕您的作品大多是繁复细致、工写兼顾的作品，有自己独特的个性语言，获了不少大奖。画画之余，您有什么个人爱好？

〔姚思敏〕我喜欢生活丰富，除了参加必要的学术活动，我喜欢看电视，喜欢旅行，也喜欢种花种菜。每次去洛带赶场，遇到什么种子就买什么种子，很随意，经常过了农时。种什么不重要，重要的是有趣，和看它们成长变化。我还喜欢看书，也喜欢写作。看书、写作是过去我作为文艺青年的爱好的一个延续。

没想到我写的文章，别人喜欢读，在圈内一个一个地传阅，后来干脆考虑出一本书，即我的第一本散文随笔《一个女画家的世界》。写作是有感而发的劳动，有想法的时候有一种不得不写的冲动，对生活的感悟、对学术问题的思考、对历史文化遗迹的追寻、对中国之外国度的了解，积少成多就成了书。唐先生说我不务正业，但我有兴趣，这就是理由。他后来看到我的读者很多，经常听到他们发自肺腑的读后感，而且约稿也多，他就不反对了。今年我出版了第二本个人文集《一个女画家的世界》。每天画累了就坐下来写一写，或者做点家务，或到菜园子里去劳动一下。随着年纪增长，很多事情都更顺其自然了。

〔李云〕能画能写的画家真不多。请问您最喜欢读的书是什么？它对您的写作有影响吗？

〔姚思敏〕要学画当然要学文学。文学是培养艺术家素养的一个基本的东西。前面提到我在我伯父家学习成长的情况。伯父被抄家后，仅剩一本旧的《古文观止》、一套不全的《红楼梦》、一部请朋友出让的老《辞源》，另借了一本《唐诗三百首》，这就是我的教科书。幸而我有学识渊博的伯父做精辟讲解和评点。没有机会博览群书，只有一遍一遍地精读。

《红楼梦》我读了三四十遍吧，自己都数不清了。《红楼梦》是一部当时社会的百科全书。涉及政治、文化、经济、宗教、医学、法律、餐饮娱乐、文

姚思敏作品 香丛翠羽

学艺术、书画、园林、建筑等门类，都有准确而详尽的描绘。对我来说，《红楼梦》是一本社会学教科书、一根高耸的艺术标杆、一件生活的必需品。这根标杆还标识出中外文化的远近距离。当我再读各种外国文学作品如《安娜·卡列尼娜》《复活》《飘》《源氏物语》等世界名著的时候，我能体味到大不同于中国经典的其他文化气息。总之，《红楼梦》使我丰富、充实、成熟、滋润。

〔李云〕难怪您爱上了写作，而且很有文采。我拜读了您的两本书，感觉您的文章里还真有《红楼梦》的遣词造句的影子呢！

〔姚思敏〕不敢这么说。但是《红楼梦》对我的影响是深刻的、深远的。我没有学过社会学，却从书中懂得人在社会上生存与他的出身、社会背景、人际关系、时代机遇的紧密联系的道理。同时也了解到个人的素养与德行与他后来成功与否的直接关系。我没有学过心理学，却通过体会书中对人物的分析介绍而慢慢学会体察现实生活中人物语言、行为后面的真实含义。

林黛玉为什么老有那么多眼泪？王熙凤为什么敢在别人大气不敢出的地方喧嚣？几十百号人之间错综复杂的关系与林林总总的不同表现，这中间都潜藏着许多秘而不宣的玄机。同样，在现实生活中，为什么有些人会获得成功，有些人则老是白费力？为什么有些人声名显赫而含而不露，有些人却小人得志，得意张狂？为什么有些人透彻坦荡、一眼望穿，有些人曲折荫蔽、深不见底？其间总是有许多促成因素，明白其中道理，人就会不骄不躁不烦，心平气和地生活、工作和与人交往。无论在怎样的环境中都能处之泰然。这是《红楼梦》给我这个“书迷”的首要馈赠。

〔李云〕您身体健康、心态平和、性格热情开朗、思想成熟、技法精湛，正处于创作的最佳状态。请问您目前正在完成什么作品？下一步有何打算？

〔姚思敏〕我前一段去了西藏林芝。对西部风光感觉强烈，我估计下一段会集中精力搞一系列这个题材的作品。艺术这个东西，要凭感觉。何时有感觉，也不确定。有感觉了，就有创作冲动，至于什么时候创作什么，真还不确定。跟着感觉走着看吧。

〔李云〕祝您青春永驻，艺术之花常开！谢谢您了！

〔姚思敏〕不客气，也谢谢您。

摄影家毛晓初

【艺术简介】

中国摄影家协会会员、国际摄影学会会员、英国皇家摄影学会会员，四川省摄影协会会员、四川省女摄影家协会副主席。多次到南极、北极摄影。摄影作品《幸福家庭》荣获第三届芬兰五地国际数码巡回展自然数码开放组 PSA 金牌；在 2011 德国 DVF 国际数码巡回展中获总分第四名，并获 GIP 勋带奖；获 2010 年印度孟加拉帮国际摄影展 PSA 铜奖；《幸福一家》获 2011 年第二届印度国际摄影展自然照片组 FIAP 金奖；在 2011 年平遥国际摄影大展中荣获“优秀摄影师”称号。

她像蒲公英传播种子那样传播艺术

——著名摄影家毛晓初女士访谈录

毛晓初是龙泉驿区土生土长起来的摄影艺术家。她是一个行动力很强的人，许多人向往的来一场说走就走的旅游，在她那儿却是家常便饭。她已游历 30 多个国家和地区，去过南极四次。她一年约有一半时间在外游走，寻找拍摄对象和时机。她满世界穿行，像蒲公英传播种子那样，把此地的艺术带到彼地，把彼国的艺术带到此国，活脱脱一个艺术大使，在不同国度、不同文化之间架起交流融汇的彩桥。她所取得的成就、她拥有的快乐、她的历险故事，读者很有兴趣了解。

〔李云〕尊敬的毛女士，您好！您曾经是企业家，现在是摄影家。为什么会有这个华丽转身呢？

〔毛晓初〕哈哈哈，我从前做房地产，现在做贸易、做文化，一直想做一项自己非常喜欢又能做好的事业。一直在寻觅和实践之中。

毛晓初作品 赶集天系列之一

在企业不好做的时候，我就把自己的重心放在了兴趣爱好上。摄影成了我生活的重要部分。

我是一个不甘寂寞的人，A 型血，基因的原因吧。比如，这几年每遇国庆节，我只要在家，就要在家里插上国旗——院子里、门口插大国旗，桌上插小国旗，那几天，在家里走来走去，甚至做事也是喜气洋洋的，嘴里还在哼："今天是你的生日，我的祖国……""我和我的祖国，一刻也不能分割，无论我走到哪里……"

人嘛，是靠精神和物质在活着，但物质的东西，它会让人腻；而精神，它会让你兴奋，让你好奇，让你喜悦。于是，你就会乐此不疲地去探索，去追求，一直，永远。没有最好，只有更好。正是这样一种人生态度，使我在摄影的道路上，一直在探索，一直在实践，一直在找寻属于自己的摄影之路。

也就是说，是摄影这项艺术实践，让我着迷了，它把我的好奇心、好强心

毛晓初作品 赶集天系列之二

都吸引住了。更主要的是，我在摄影中随时能去追寻我对大自然、对人类、对动物的爱、能充分使用相机表达内心世界，把千言万语凝固在那个瞬间，用画面表现出来，既直观又委婉。任何一张照片，不同的人有不同的解读，这就是摄影的魅力。

而摄影中的最大魅力，是人和被摄体的关系有太多的不确定性。它既要受时间、光线、地理条件的影响，又要受摄影人思想、心情，甚至身体状况的影响，还要受被摄体方方面面的影响，在整个摄影活动中，不确定的因素太多。所以，它容易引起人们去探索、去追求、去满足。在肯定和否定中找到乐趣，找到存在感，找到价值。

〔李云〕在您看来，摄影的魅力在于不确定性？

〔毛晓初〕是的。摄影是凝固的艺术，是抓取典型的瞬间的艺术，动作慢了就失败了，有时一场摄影就好比一场战争，需要身临其境，置身其中，需要体力，需要快速反应，需要判断力、决策力。一切都在变化中，稍纵即逝。在抓取镜头时，你所有的构图、取景、用光等技术技巧、浑身解数要集中在一瞬爆发，才能抓住最美的瞬间。抓住了你就成功了，抓不住当然是失败。再好的现场都不会为你再来一遍。正如哲学家所说：“人不可能第二次踏进同一条河流。”河水在流动在变化，一刻也不停。此一时彼一时。这个世界，变，是唯一的不变。而摄影家就是要跟变较劲抗衡，要在变中求不变。这是摄影中的哲学。

〔李云〕您去过南极，那里是什么情况？

〔毛晓初〕我去过四次南极。一次是南极三岛，它包括乔治亚岛、福克兰群岛和南极半岛；第二次是去南极西南极；第三次是深入极地，去一个叫雪丘岛的地方专门拍摄帝企鹅；第四次是去东南极。

“南极是地球的处女地，企鹅是南极的精灵。我爱南极，爱得越深，走得越近。”这句话是我每次南极日记扉页上必写的一句话，也是我一次又一次去南极最大的动力。

南极是指位于南纬 60° 以上的广大区域。不仅包括南极大陆与岛屿（大陆面积约 1400 平方公里，占全球陆地面积的 1/10），而且包括约 3800 万平方公里的南大洋。南极不属于任何国家，也没有常住民。美国、英国、中国、澳大利亚等不少国家在南极建有科学站。南极辽阔的大陆有 98% 被冰雪覆盖。以企鹅为代表，海豹、鲸、磷虾等各种生物组成了南极丰富多彩的生态系统。这些神奇而美丽的生物，就是南极的主人。

由于各种原因，去南极的旅游者不多。那些年每年约有 2 ~ 3 万人次。而中国人只有 100 多人次。我当然就成了幸运者了。

〔李云〕您还去过哪些国家？收获了什么？

〔毛晓初〕这些年，我去过两次肯尼亚、埃塞俄比亚，去过美国、英国、法国、澳大利亚、新西兰、俄罗斯，去过阿根廷、西班牙，去过柬埔寨、土耳其、摩洛哥、南非、孟加拉，去过以色列等几十个国家和地区吧。

收获，收获当然很大。世界那么大，你每到一处就会了解那里的文化特色、那里的人民生活状态，那里的什么人是我最喜欢的，那里与我们国家相比有什么不同，比我们好的、比我们差的。在行走过程中，精神在磨砺着，这种磨砺沉淀下来，铸就了我的思想、我的精神、我的见解。再通过摄影，把我的思想、我的精神、我的见解呈现出来，这就是我所有行走的收获。

〔李云〕最有趣、最离奇的经历请与大家分享一下。

〔毛晓初〕在路上，每天都有故事发生；在路上，每天都有精彩出现。我这一路走来，有趣的、离奇的、精彩的故事太多太多。

因为太思念南极，我就讲两个南极的故事吧。第一个故事是我和企鹅的故事。那是第一次去南极，第一次见到成堆的企鹅，我激动得简直快疯了。可是那堆企鹅几乎全趴在地上一动不动，偶尔有一只起来伸伸懒腰，马上又趴下去了。我拿起相机，围着企鹅堆悄悄地走来走去，试图拍两张企鹅站起来舞动翅膀的照片，一个小时过去了，没拍到；又过了半个小时，还是没拍到，镜头里没一张企鹅大大方方站起来的照片。这时，领队发出指令，我们得离开这个区域返回了，我着急了，生怕拍不到动态的企鹅，顿生歹意——扔块石头在企鹅旁边，

毛晓初作品 信仰

让它受惊好站起来，当然，这股邪念一下子被压下去了。我坚持到队伍离开的最后一刻，仍没有等到我期待中的扇动翅膀的企鹅，只得恋恋不舍地离开了。随后的几天，我们一次次见到成片、成堆的企鹅，拍到了很多企鹅各种姿态的照片，比如，谈恋爱啊，打架呀，找石头筑窝啊，甚至做爱啊，哈哈哈，拍得太多太多。

随着对南极、对企鹅的走近，我对南极、对企鹅的爱愈深。对自己曾经起过的邪念，感到愧疚，庆幸自己没有"为非作歹"，没有干出傻事蠢事，要不，我是无脸面对南极，无脸面对企鹅的。因为，南极是圣洁的、神圣的，而企鹅是南极的精灵，我已经深深爱上它们了。

第二个故事是我和南极人的故事。随着去南极次数的增多，我们对探险船上的工作人员和服务员的感情也日渐加深。私下里，我们就称这些人为南极人。他们中大多数人十几年里年年跟随探险船一次次往返于南北极中。从他们身上，你已经明显能看到如同南极纯粹的气质。他们敬业、精业，浑身都散发出对南极的爱，对企鹅的爱。我喜欢他们，和他们留下了许许多多美好的故事。Amie 和 Wood 夫妻，就是我在南极交的两个南极人朋友。

Amie 和 Wood 是我去北极时认识的船上的工作人员。由于北极没经什么风险，也就没有让人刻骨铭心的故事。当然，有趣的、小有惊险的故事对常人来说也是够意思了，那次，他们只是给我留下了工作很认真、对我们很友好的印象。

2009 年我重返南极，是一个 33 天的西南极行程，在船上，我和 Amie 和 Wood 夫妇再次重逢，我们彼此都兴奋不已。然而，真正让我认知 Amie，是在那一个月的行程中。

在一次橡皮艇登陆的返回途中，领队发出指令，可以绕道附近的一个海带区域看看，那里也许会有成群的海豹在上面。我们中国团正好被安排在 Amie

毛晓初作品 幸福家庭

驾驶的橡皮艇上。这时，海上的风浪越来越大了，Amie 征求我们的意见，要不要做这次冒险，我们齐声回答："要！"Amie 重申了安全要求后，我们远远望去，在一大堆千年海带上，有一群海豹。但是，这堆海带随着海浪摆动得很厉害。我们异常兴奋，叫 Amie 开快点，想要去拍摄。这时，突然下雨了，风浪也越来越大，Amie 放慢速度，大声告诉我们："我知道你们非常想拍这群海豹，我会让你们安全地靠近，请你们蹲下或跪下，放低身体，抓住安全绳，要确保不被甩出时才能拍摄。"我们满口答应："OK、OK。"Amie 这才加速往海带堆驶去。这时，雨下大了，海浪大了，Amie 试着换了几次方向，仍然没能让我们拍到满意的照片。当她毅然驾着橡皮艇返回的那个瞬间，我突然看到她遗憾的表情。一下子，我感动了，我竖了个大拇指给她。在风浪里，我们的小皮艇安全返回船上，那一刻，我认定了 Amie 这个人。

在随后的行程里，我们的交流多了，渐渐成了朋友。他们夫妇给我心中留下美好印象。我们也彼此关照。

第三次去南极，我再次遇上 Amie。第四次去南极，我在登船地澳大利亚巴特的大街上，又和他们夫妇相遇了。

我相信缘分，我更看重我几次南北极行程中 Amie 对我及所有中国人的友好和关照。在第四次东南极行程即将结束时，我正式邀请 Amie 夫妇到成都来，到我家里来玩。队友们已纷纷发出邀请，还有个队友急了，争了起来："Amie，你只需要给我你们的休假时间，我来给你们买飞机票到中国来，一切费用我负责。"看中国团友争来争去，Amie 幸福地笑了。她谢过大家后，表示她会先来成都，以后到中国再去看大家。那一刻，我高兴得跳了起来，那一刻，是南极探险船上的友情大爆发时刻，那一刻，探险船上的咖啡厅被中国人和南极人的友情点燃了。

随后，Amie如约来到中国，来到了成都，来到了我的家。我带她去了峨眉山，去了茂汶羌寨，去了熊猫基地，带她们吃了火锅，吃了名小吃，还带她参加两次婚礼。我和她在龙泉中学与两百多名中学生一起分享了南极图片和南极故事。

我和南极的故事就这样达到高潮。至今，我和南极的故事一直都没停息，我相信，不久，还会有一次高潮。故事永远不会结束。

〔李云〕您最近在做什么？

〔毛晓初〕我在洛带博客小镇租下了一个小院，投资200万元在那里建了一个摄影沙龙。我以后的精力，就是认认真真地把摄影沙龙经营好，让摄影师的作品能够迅速分享给老百姓，通过影像传递正能量和爱。同时，让老百姓不仅能欣赏到好的摄影作品，还能学习到摄影知识和技能。能够用自己的所长服务家乡人民，这是我的情怀，我的爱。

毛晓初作品 赶集天系列之三

毛晓初作品 嬉闹

我是洛带人，父母都曾是洛带的人民教师。我对洛带有种特别的情怀，真的。

我就是要在家乡建一个我的 IP。

微信、QQ、电话交流、采访结束，毛晓初老师发来邀请：“你必须到我家里来做一次客。”不由分说的架势。我当然乐意去拜访她。

我们在她的独幢别墅里见面、喝茶、聊天，窗外是碧波荡漾的湖水，非常惬意。她的厅堂墙上挂满了她在世界各地的摄影艺术作品，地上摆放着艺术品、又宽又长的桌上摆满艺术品，真是琳琅满目。奇异的是，屋子空中悬挂了红彤彤的 50 面 8 号国旗，室外花园插了一面 4 号国旗。五星红旗在她家飘扬招展。她把家收拾得像过国庆的样子，真喜庆!

谁会把国旗挂在家里？我问：“您是中共党员？”她答：“不是，但我爱国。”这些年来，她一出国，就是代表中国，就开始了外事活动。每到一国一地，她都提前做好功课，为当地人民准备礼物，通常是为妇女儿童准备急需的专用礼物。她充满激情和热情，笑靥如花，笑声朗朗，像蝴蝶和蒲公英那样满世界飞，传递着爱和艺术。她认为给她的拍摄对象赠送礼物是一种感恩报答，是必需的。在国外她非常注意自己的言行，生怕给祖国丢脸。红彤彤的五星红旗总是伴随着她满世界飘扬。她心中随时装着一面国旗。这样一个女人，真是可敬可爱，必须为她点赞!

画家曾忠奎

【艺术简介】

字一叶，一叶书屋主人。出生于四川成都。四川省美术家协会会员、四川省政协书画研究院画师、四川省工笔画学会会员、四川省花鸟专委会委员。部分作品获国家级、省级奖项。作品入编《大家》杂志、《这一代》杂志，及四川省政协书画研究院《花鸟卷》，《四川西蜀花鸟画院2013作品集》，四川省诗婢家画院《首届四川文华美术奖作品集》等。出版有《名家课堂·草虫画法》《画品·曾忠奎国画作品集》。

生命的主线是画画

——青年画家曾忠奎先生访谈录

〔李云〕尊敬的曾先生，您好！最近您在家乡龙泉驿干了一件大事，引起了轰动和广泛关注——那就是一个画家一台戏。您参与投资了一台红色正剧《为人民服务·寻找张思德》，这台戏在龙泉驿上演了15场，场场观众爆满，获得了党员干部和普通民众的一致赞扬，取得了圆满成功。还将到全市、全省去巡演。您是一个画家，却对戏剧感兴趣，为什么会有这样的转变？是什么东西在驱动您？

〔曾忠奎〕大事说不上，但是根据反响，的确是大众喜欢的一台正剧，刚开始是我们区委区政府有组织地去看，结合到当前“两学一做”和建党95周年这么一个主题，后来有很多民众自发地去看，所以就有了后来场场都爆满的现象。而且还有不少年轻人和学生，因刚好是暑假，其中有个初二的学生，他说他看了三场，每场都饱含着热泪。当我们问他感想时，他一直重复着一句话：“没有想到……没有想到我们那个时期的军人是如此不计个人得失，一心一意

曾忠奎作品

曾忠奎作品

地简单而朴实地去工作和为他人服务，在关键时刻甚至不惜牺牲自己的生命。”这个学生最后说了一句话让我眼眶有了潮湿的感觉，他说张思德很伟大，我顿时感到我们做这个剧的意义在他们身上得到回应和体现。

至于说作为一个画家为何会对戏剧感兴趣，我认为绘画和戏剧在艺术上是相通的，都是在向人们传递着真善美的元素，而且这一次我们是两个画家一起做的，他叫刘敏健。当我们走进张思德故里写生，了解到张思德的出生环境和奉献精神时，我们感慨了，感慨这个浮躁的时代缺失了好多本真的东西，药品、食品乃至人性真底。把张思德高尚的品质放在当今浮躁的人性中，我们感受到了他闪耀着道德的光芒！我们感觉到了《为人民服务》这篇课文中这代人的责任，也为了停下匆忙的脚步等一等我们掉队的心。我们俩通过与龙泉驿区委宣传部商量，想借这台戏，寻找和呼唤张思德精神再回到我们身边来，回归到我们社会中来，所以就毅然决然行动了。

〔李云〕不仅如此，您最早是个成功的建筑商人。怎么一下子又转到绘画上来成为一个画家了，这又是什么机缘？

〔曾忠奎〕绘画是我童年时的一个梦，我母亲擅长绣花，小时候有时会帮忙画点花稿。小学时村里来了一个右派，会书法，在我们学校门口写了一副对联，我觉得非常美，跟老师教的完全不同。那时我家里很穷，没有钱买参考书，但当时我们都学《毛主席语录》，恰好我的语录是一本有毛体书法的，没纸，就用塑料薄膜加棉纱，写了擦，擦了写，就这么写写画画地把这颗艺术种子种在了儿时的心里，一直念着向往着。到工作以后，一直都觉得书画与自己有着很深的关系，是自己生命的一部分。

〔李云〕您似乎一直在转变中，从建筑到画画，从画画到戏剧，一直在玩跨界穿越。您觉得这好玩吗？

〔曾忠奎〕呵，画画和影视可以说是玩儿，从事建筑那是解决生存问题。当生存问题解决后，就想干自己喜欢的事情了。一个人当事业和爱好高度一致时，那一定是好玩儿的。

〔李云〕龙泉驿这一方水土对您的绘画有滋养作用吗？那是什么？

〔曾忠奎〕任何地方都可以给画者以滋养，要看画者有没有发现养分的眼睛。在中国画坛上占有一席之地的陈子庄先生不就在龙泉山上得到了宝贵的东

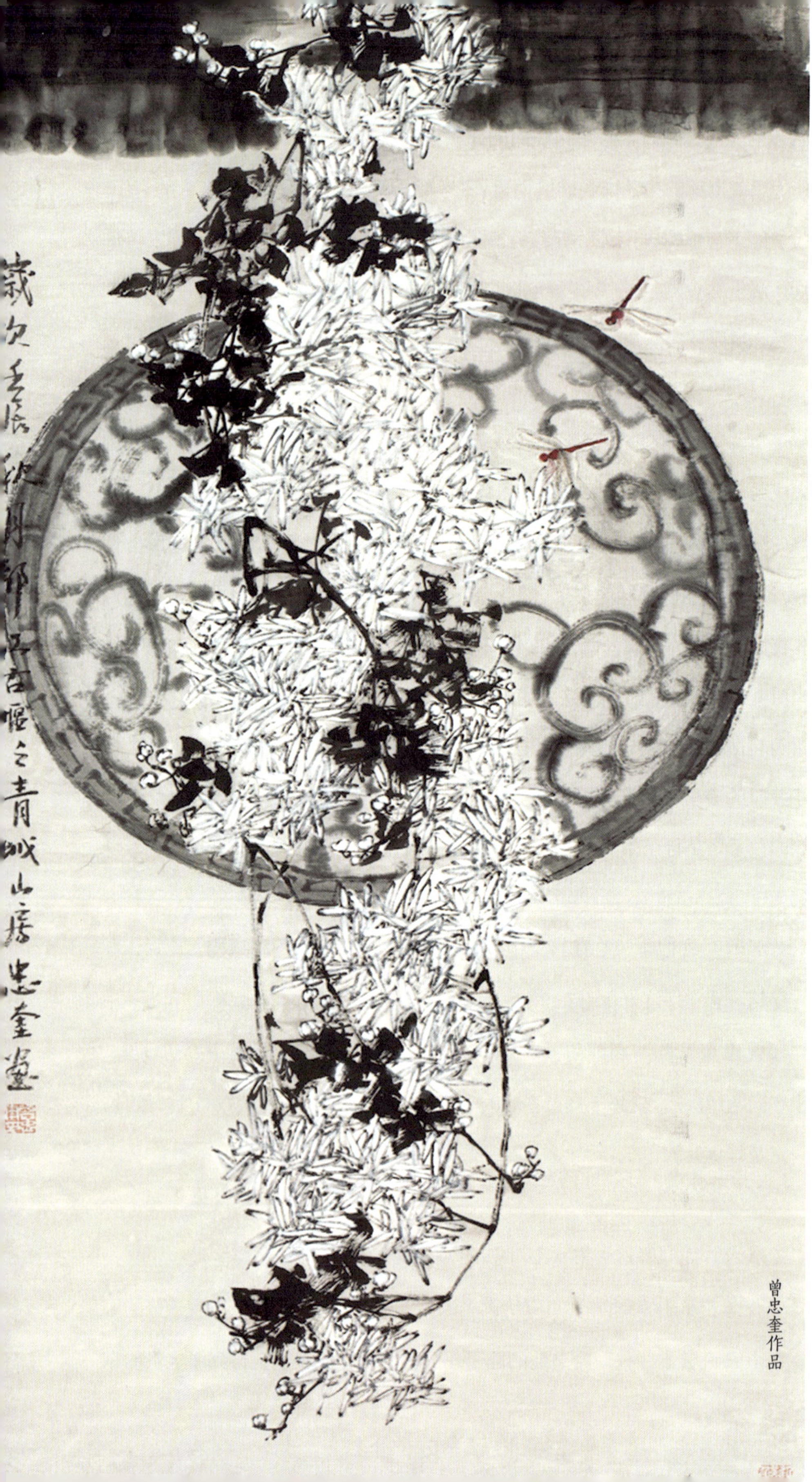

曾忠奎作品

西吗？对我而言，我在这儿播下了种子，是否能在这儿收获得看造化！最起码我从事艺术后又回到了这里，重新起步！

〔李云〕您以前主要从事建筑行业，从美学范畴来讲，建筑是综合性的艺术。您的建筑作品有哪些？

〔曾忠奎〕建筑作品是蛮多的，但那已经不重要了，重要的是现在我的绘画作品中出现了一个很明显的——符号“建筑”。在我的很多作品中都有了建筑的影子，这种特有的表现形式和绘画语言跟我的经历应该是密不可分的！

〔李云〕后来您转行学画画，遇到的最大困难是什么？

〔曾忠奎〕呵呵，我似乎不叫转行，因为我一直在画，转行只是外界的认为。没有任何的困难，而且身心愉悦。

〔李云〕从事建筑的那段经历，对您画画有何助益？

〔曾忠奎〕对空间感和型准的认识与把控，这是画者所必需的，而建筑在

曾忠奎作品

这一方面是非常严谨和科学的，从技术上讲是游刃有余的，但更重要的是这么多年的建筑业生涯消退了我许多火气，把我打磨得可以在绘画中很安静地去思考和沉稳地表现。人过半百本应如此，但我依然觉得多年的建筑业工作经历在这方面给我了诸多锻炼，也收益了许多。所谓磨刀不误砍柴工!

〔李云〕人说您是武者中的文人、文人中的剑客。怎么理解?

〔曾忠奎〕那是一篇文章中对我的评价，太高了，确实也不敢当，也仅仅是对我所从事的两个行业的评价，显得太两极化了，那是不能去推敲的，一推敲就会出问题——人家要跟你比武，你要人跟你比写文章；人家要与你比文章，好了，你要跟人论剑。你看看这怎么理解，中国的很多语言哲学性很强，都只能单方面地说说而已，不能去推敲，一推敲就出问题了。

〔李云〕您主要画中国花鸟画。这是您自己的选择吗？为什么做这样的选择？您擅长?

〔曾忠奎〕你这个问题对我来说还真有点意思。2007 年我到省画院拜师求学，报的山水画专业。以前我是画山水画的，但内心却热爱花鸟，因个中有些原因报了山水，恰巧那一年山水班老师临时出了点问题，叫我们改投了秦天柱老师班上，后来我形容叫“误入正途”。

〔李云〕大名鼎鼎的秦天柱先生是中国花鸟画界中独树一帜的领军人物，能做他的弟子显然是不容易的。您从他那儿学到了什么?

〔曾忠奎〕秦天柱先生是一位德艺双馨的老师，善教，弟子有百名之众，出类拔萃的也不少，能拜他为师是我的荣幸，所以才叫“误入正途”嘛！我在老师那里学到了很多，要学的更多，为人、为事、为艺，老师都是我们的楷模。

〔李云〕最后一问，您有绘画野心吗？野心是个中性词，您的野心是什么？

〔曾忠奎〕就画者而言，野心是必需的，安分守己是很难出好作品的，绘画没尽头，学无止境。要说野心的话，我不想去超越任何一个人，我只希望不断地超越自己，与自己战斗，让进步不停止，我就很满足了。

〔李云〕感谢您接受来自家乡的访问，感谢您对家乡的反哺支持！愿欣赏到您更多更好的作品，不仅是绘画。

〔曾忠奎〕也谢谢您。

画家张家伟

【艺术简介】

四川省美术家协会会员、东山书画研究院副院长、龙泉驿美术家协会副主席。先后受业于王生义、罗其鑫、李文信、姚思敏等中国著名山水画画家。作品入选全国性美展和省市重大美展，部分作品获奖，《冬日的阳光》在美术界产生巨大影响。2015年11月举办天府画派系列展：张家伟个人中国画作品展。

人应该为自己的最爱而真正地活着

——山水画家张家伟先生访谈录

最近几年，画家张家伟这个名字时不时被人提起，其作品也不断被人谈论。去年我被一朋友领去成都十陵张家伟的家，参观他的居室兼画室，见识了他的画，后来又在洛带他的个展上欣赏了他的74幅作品，印象更深了。我决定采访他。把他介绍给更广大的读者，是最近想做的事。

——采访小记

〔李云〕张家伟先生，我注意到2015年11月您的个展是成都市和龙泉驿区官方给您办的，在洛带古镇开展半个月。74幅山水画，挂满了墙壁，我特地赶去观展，感觉很震撼。您是何时创作这批作品的呢？

〔张家伟〕1996年之后吧，日积月累起来的作品。这次画展展出的74幅作品，是我对多年走过的艺术道路的回望。它不仅是一个总结，亦是对未来的梦想，更多的是预示着我创作上新的开始。我没想到会办这么一个展览，也没

张家伟作品 秋林湍流

想到会给我出版个人画册《张家伟中国画作品集》。太意外了。画展主题“长岭归雁”是著名画家白德松先生亲自题写的，白老一直在扶持我、鼓励我。借此感谢白老师及各界人士和机构对我的支持!

〔李云〕白老作为德艺双馨的老画家，是怎么评价您的作品的?

〔张家伟〕两个字：不俗。不俗是老先生最高的评价了。我把这看成是对我的激励。

〔李云〕您的近期作品《寒来风景也好》《深色潋滟·山色晴好》也在其中。听说这些都获奖了?

〔张家伟〕是入展了。《寒来风景也好》入选 2015 年 5 月四川省美术馆落成“大山大水·大美四川”美术创作工程作品展；《深色潋滟·山色晴好》入选 2015 年 8 月四川省纪念抗日战争胜利 70 周年美术作品展；《叠崖绝顶收尽秋光》入选 2016 年 1 月“大山大水·大美四川·巴蜀大地”四川省美术山水画大展并获优秀作品奖。

〔李云〕那也很不错。恭喜、祝贺您。《冬日的阳光》这幅作品给您带来了很高声誉，人们提起您就会想到它，看见它就想起您。能谈谈这幅作品的创作过程吗?

〔张家伟〕《冬日的阳光》入选 2001 年 3 月四川省美协中国画艺委会山水画会成立纪念——四川省首届山水画展，4 月入选“阆苑仙景”中国山水画展并入编西部山水画册第一集《阆苑仙景》。当时《四川美术报》头版发表，发表之后产生了意想不到的影响力，一些不认识张家伟的人提起那幅作品就知道张家伟了。这幅作品画的是爬山虎的枯藤。

有一次我到老成都郊外看到农民的老房子外墙上爬满了爬山虎，很是喜欢。可农民的老房子不入画，我便把洛带古建筑的飞檐借鉴过来。飞檐、残亘，断墙、枯藤、暖阳，我把画毡和三张四尺宣纸铺在地板上，早中晚都在画，足足画了两天。藤蔓是具象的、实在的，一根根，密布而清晰，乱中有序，整个画面显得宁静、温暖，具有物象美。在创作中，每一根藤蔓，无论长短都必须一笔成功，不能修改。

中国画要成就一幅好画，太难了。往往要废纸三千，方能得一幅。我自己在清理旧作时曾亲手撕了几百幅画。从量变到质变是一个漫长的过程，每一个画家都必须经历。

〔李云〕您是怎么走上画画这条路的？经历了什么？能分享给大家吗？

〔张家伟〕我十二三岁时，就喜欢在课本上、作业本上涂涂画画了，后来父亲工作地址变动，全家都随着去了。可我不喜欢不适应那里，又处于青春叛逆期，于是消极对待读书。上课画，回家也画，只有画画，心灵上才得以安抚和平静，这样更加迷上了画画。没有老师教，材料、墨、技法什么都不懂，只凭着爱好，自己摸索临摹挂历上的国画老虎、葡萄之类。那个时候迷上了画画，只要是笔上画的都想学，包括国画、油画、水粉水彩、素描都想钻研。但实际

张家伟作品 小巷

上那个时候只是有一个大概的了解，后来到部队才真正有了系统学习。

在部队，安排我搞宣传，常常要办宣传栏、画宣传画、做幻灯片、写宣传标语等，使我对美术的热爱进一步加深，在部队也有了机会参加各种培训班学习画画，包括油画、素描、西画都曾涉猎过。根据对美术各门类画种的了解和

张家伟作品 冬日的阳

实践，根据自身心性特点和业务擅长，基本确定了以后的主攻方向为中国画山水画。不过那时候仍停留在爱好的阶段。

退伍后被分配到了三线兵工厂，地处偏远，没有时间和机会学习绘画。直至 1996 年，我所在的企业迁建到成都龙泉驿区十陵镇。来到书画大家颇多的成都后，1998 年才开始正式在成都继续学习中国画山水画，开始在著名山水画家罗其鑫老师班上学习山水画。后来又考入研修生班进一步学习，在班上得到了如李文信等众多知名画家理论家的亲临授课和指点，逐渐步入中国画领域。后来又跟随著名画家姚思敏老师学习了一年多，完成了从启蒙到入门，再到钻研的一步步过程。

我深知中国山水画的博大精深，从而对传统顶礼膜拜，又四方请教，转谒多师，刻苦钻研多年，凭着自己对艺术的直观感悟，创作出了如《冬日的阳光》等一批自己满意的作品。

山水画作为一种特殊的个人情感表达方式，随情境的变化、情感内涵的变化，会产生相应的形式变化。我坚持自己在复杂生活中的情感体验，以这种丰富的情感体验去表现自己的艺术理想，没有定律，没有固定的形式，以技法的多变和风格的多样，潜心创作着自己内心的山水画。

因感动而创作，这在画家艺术创作中多有体现。也许是电视节目中一个画面、旅途中窗外一闪而过的风景、发呆恍惚间出现在脑海中的图画，不仅仅限于师法自然的写生活动中。只要能感动画家的，都可能是下一个创作的启示，在冥想中找到现实景致升华而成的美妙构思，这些构成了我静寂清淡的山水画世界。

〔李云〕感谢您刚从外地写生回来就接受采访。这次写生一定很有收获吧？

〔张家伟〕是的。这次我们 5 位画友相约自费去乐山市金河口区大峡谷写生 7 天。成昆线贯穿了整个大峡谷，大峡谷一线天，这里有美丽的移民村，也是铁道兵博物馆所在地，正好我曾是铁道兵，感觉很亲切。不远处是凉山州的甘洛县。乐山市和平镇共安彝族乡，巴掌大的乡镇，大小只如一个院子，但风景美如画。都是水泥村道，全部新房，有民族特色的民居，整齐大套，听说是国家资金扶持统一修建，幸福的世外桃源。我们去汉源县时遇疾风烈日，只好躲进废弃的游艇内写生。我们一行食宿都很简单，主要是画画，平均每天画三幅，早出晚归。回家后又花了三天时间整理完善，最终完成21幅写生作品。在山野，我兴奋地画着每一幅画，感受着神奇的大自然给我带来的丰富而多变的审美体验，但到了下午三四点，感觉相当痛苦和困惑。面对丰富的现实世界，手上的技法显得如此苍白无力，不能用笔墨关系充分地表达内心对现实世界的感受，感觉需要解决的问题还很多，要突破瓶颈。每天都在思考，怎么把画面组织得更好，把眼前的景物处理成自己的，而不是照搬照抄。中国画不是像西洋画那样注重再现，更讲究提炼升华，符合中国画的传统审美。

〔李云〕您经常出去写生吗？印象最深的是哪一次？

〔张家伟〕是的。我是山水画家，必须走出书斋去深入大自然、亲近大自然，吸取自然的养分和灵感，即接地气。中国画山水画的根脉在祖国大地的山山水水中，在田园野趣中。记忆最深的是在石家庄当兵的时候。那里离太行山不远，但也不近，我会骑自行车早出晚归，去太行山写生画画，往返需要一天，虽然很累，可我乐此不疲，那种感觉或许就叫“痛并快乐着”吧。另外就是去重庆的缙云山写生画画，走几十里山路，也不觉得累。画画的人必须要能吃得苦。

〔李云〕您确定自己只画山水画？

〔张家伟〕是的。我18岁在太行山下的石家庄当铁道兵，在部队时已确定主攻山水画。至今20多年来断断续续，画画之事始终没有忘怀，由于太爱画画，决心放下俗务。现在专心画画，主攻山水。我感觉这是我最好的内心选择，没有俗事羁绊。我会全身心投入绘画创作，画画既是我的兴趣所在，也是我心

张家伟作品 春风拂家山

灵的寄托。我认为人应该为自己的最爱而真正地活着。

〔李云〕现在，除了画画，您还做什么？

〔张家伟〕读书。把以前买来还没有读的书都读了。包括绘画理论、技法，大家传记和其他感兴趣的杂书，最近读了《画乃圣事——读贾又福》。读了画者真言陈子庄的《石壶论画语要》，这个是网络版的，好像是陈子庄的学生记录的他的思想，他对画的思考非常深、要求高。读了很受益，越读越觉得自己不足，自己差距远，所以越发要加紧修炼。

〔李云〕您钟情于山水，又致力于山水画创作，一定有许多个人感悟吧？

〔张家伟〕是的。我喜欢山水画，或许正是因为山水画所有的淡泊出世的意境。山水画所包含的不事权贵、淡泊明志的心境契合自己的追求。我们每个人从小都或多或少在中国传统文化熏陶下长大，所以骨子里有一份诗韵情怀在其中，正因如此，所以尽管很多人可能不会画画，但却能从山水画中有所感悟体会。

以今日之眼光看昨日之创作也会有变化，放下俗务全心画画的这近一年来也创作了一些作品，但还是不太满意，总有点眼高手低的感觉，画完两三天再看就会看出毛病，我想这也是我需要提升的空间。我把我画的画悬挂在四壁上，每天看后，能得到新的启发。

〔李云〕您在绘画创作上有什么样的目标或追求？

〔张家伟〕我是一个目标性不强的人，从来没有给自己设定要挣多少钱、画多少画、达到一个什么明确的目标。我只是有激情、爱画画，而且自己画画时的感觉非常好。能画到什么程度就是什么程度吧。如果说有什么追求，那就是努力探索，不断提高，画出能感动自己、能打动观众的作品。

〔李云〕您心系丹青，钟情于山水画，我相信在巴山蜀水的浸淫下，在蜀中优秀的人文环境陶养下，您的山水画创作将会实现新的升华。

〔张家伟〕谢谢鼓励！

名家点评一：

张家伟作品面貌或含蓄高雅，或黢黑深邃，或浓艳热烈，在感动自己的同时也打动了观者！而在这些富于变化、形式各异的作品中也能找到传统和师承的印迹，不失传承的同时又有着强烈的时代特征。

名家点评二：

张家伟传统笔墨功底扎实，勤耕长吟，以开放的学术态度兼收并蓄吸收各家所长，创作出了许多令人难忘的具有当代审美意味的作品。深情玩味心中的最爱山水画，从中体会着艺术创作的艰辛，同时，也体会着艺术创造丰收后带来的快乐。可以说他是一个艺术追求的寂寞行者。

太极拳名家蒋禄贵

【艺术简介】

学名蒋勇，当代武术名家。桃花太极创始人，中国武术七段，国家一级武术教练。1967 年出生，成都龙泉驿人。武汉体院毕业。政府“学术技术带头人”、国际太极拳文化传播大使、世界传统武术锦标赛金牌获得者、四川省武协桃花太极研究会会长、四川省武协内家拳联合会副主席、成都市武协副秘书长、龙泉驿区桃花太极研究院院长，弟子、学生遍及海内外。

一辈子 一套拳

——中国当代太极拳名家蒋禄贵先生访谈录

中国功夫闻名世界，中华太极源远流长。在四川，有一位为弘扬中国传统文化而默默奉献的武林中人，他就是土生土长在中国水蜜桃之乡成都龙泉驿的一位热血汉子。他名蒋勇，又叫蒋禄贵。

〔李云〕尊敬的蒋先生，您好！《桃花太极》是您创编的代表作，我曾欣赏过你们的表演，将拳术和艺术完美地结合在一起，非常精彩。请您做个专业性介绍好吗？

〔蒋禄贵〕好的。我是在义父邹德发师传基础上，遵循人体运动之规律原则下，融合儒家思想、道家思想、中医经络学等传统文化，吸取形意、八卦、传统拳术和各门派太极拳之精髓，结合导引、吐纳、现代养生方法，以及成都龙泉驿本土“桃花”文化创编而成。桃花太极集健身、防身、修身、养生于一体，分为桃花太极养生功，桃花太极一路（初级套路）、二路（中级套路）、三路（高

蒋禄贵代表中国出访意大利进行太极拳文化交流

蒋禄贵少年时代练功照

蒋禄贵率弟子们在桃花山上修炼桃花太极

级套路）四部曲。技术体系由点线位、进桥顶、拉开剥、功法养四组，由浅入深，技术与理论相结合的前后八个部分构成。

桃花太极拳以“桃花”为名，是源于我本人是地地道道的龙泉驿原住民，先辈祖居在享誉世界的桃花故里，也就是今天的山泉镇美满村泉水沟，自幼被桃花熏陶，脑海里早已被花的海洋打下深深的烙印。数十年的积累沉淀、厚积薄发，才有了桃花太极的横空出世。据考证，成都龙泉驿早在秦代就盛产水蜜桃，这里的古人把桃树奉为仙木，为百鬼所惧，桃核里有仙木精魂，能辟邪吸煞，具有趋吉避凶之功效。桃花开于三月，是春天的象征、美好事物的化身，深受人们的喜爱。同时桃花与中国传统有结下不解之缘，与人民的生活有着密不可分的关系。桃花送给师长，寓意桃李满天下不忘教诲之恩。脍炙人口的刘、关、张桃园三结义，寓意侠义的见证。“去年今日此门中，人面桃花相映红。人面不知何处去，桃花依旧笑春风”，象征女性的美丽。人们将理想生活环境称为“世外桃源”，表达对永恒自然和永恒生命的向往。这些与今天誉满全球的“中国水蜜桃之乡”构成了底蕴丰富的“桃花”文化。

桃花太极在拳风、技法上继承传统太极拳的运动特点，突破绷、捋、挤、按、採、别、肘、靠等技法，运用“桃拳”“花掌”等形态，衍化为撞、化、劈、抡、插、穿、捧、托及多种发劲技法，展现了运动自如、发劲自然、姿态优美、动静相兼、刚柔相济、内外双修的运动风格。将“桃花”文化与博大精深的中华传统武学有机结合，是桃花太极拳深层次的文化内涵，是一种精神的虚静与高逸、哲思和积淀的升华，渗透着“儒与庄禅互补”的文化精神、“达则兼济天下，穷则独善其身”的哲理思想，符合道家相互依存、相互转化的自然之本。

桃花太极拳尊重自然、崇尚自然、倡导自然，其核心就是顺应自然，汲天地之精华，涤内心之污浊，从而达到天人合一、返璞归真、回归自然的境界。桃花太极拳刚柔并济，架势舒展，有着虚实分明、内外结合的独特风格。既有技击、健身、养生价值，也有极高的欣赏价值。“美在意象”是中华美学精神的真谛。

桃花太极拳一经问世就深得广大太极拳爱好者的青睐和广泛参与，先后被香港国际武术比赛、三亚首届世界太极文化节、北京华夏国际武状元争霸赛、中国丽江国际武术文化节、四川省传统武术名人明星争霸赛、四川·中国古典武艺交流大赛、成都国际桃花节列为独立比赛项目。目前桃花太极拳已在加拿大、马来西亚、文莱，以及我国香港、北京、广东、河北、河南、甘肃、江苏、陕西、云南、贵州，四川的西昌、巴中、万源、江油、绵阳、遂宁、广元、峨眉、宜宾、泸州、成都周边等地得到迅速传播，为中华武学注入了新的活力，成为人们追求身心健康的运动方式和选择。

〔李云〕您对创新是如何理解的?

〔蒋禄贵〕传承就是为了创新，只要遵循“古为今用”“推陈出新”的指导思想，正确处理继承和创新的关系就行。新套路既能体现太极拳内涵本质，同时能跟上时代气息，敢于打破框框，坚持理论和实践的统一，注意锻炼的科学性、全面性。新的、有生命力的东西是对传统的扬弃。否定之否定是事物发展的根本规律。肯定一切、否定一切都是形而上学的思维方法。

太极文化的博大精深就在于深刻、全面、思辨、发展的内涵特质。传统的有精华也有糟粕，新生的也有缺陷，但只要符合事物发展规律，就有强大的生命力，就能在运动实践中克服、剔除弱点与缺陷。如果传统的东西完美无缺，它的生命也就到头了。科学、严谨地创新发展才是光明大道，不能故步自封，辩证地对待新套路，武术才会有传承与发展，才能与时俱进。正所谓：登麓之路各异，山顶见月相同，道是人走的，人不走是没有道的。

〔李云〕我们龙泉驿历史上有哪些拳术和武林名家？情况怎样？

〔蒋禄贵〕龙泉山是武学之山，英杰辈出，是川西武风最为悠久的地方之一，民间流传“三岔出武人，洛带出文人”。史料可考的四川最早国术馆和武林人物大多出自于此。后汉有“五虎上将”之一赵云坐镇古驿，赵家枪名震三国；北周有英勇善战的车骑大将军、大都督强独乐；清末有以地躺拳数次击败了成都制台衙门镖师韩凤鸣、名噪一时的地躺拳名家谢昆山，红灯教首领曾阿义，义和团首领李永洪；民初有洛带武举人何月成、张斌廷，武秀才李南山和李高山；川军上将田颂尧、中将黄隐、少将张雅韵，原国民党24、29军武术教官黄廷海，享誉全国的余家拳余发斋、余鼎山父子——二人在成都青羊宫擂台较技无人能敌，还有龙泉国术馆内家拳名家曾彤、傅吉昌，曾参加成都青羊宫擂台赛夺得兰章的陈君华，大面铺峨眉短打薛鳌山，柏合国术馆太极拳名家李育伦，青台山八卦掌名家邹其武，青羊宫打擂夺得银章的文安场形意拳名师张仁山、张义山兄弟五人，著名盘破门拳师刘兴吾——授徒众多，影响深远，以及毕业于原国民党中央国术馆陈氏传人陈选章等。

古往今来，武术在龙泉山这片土地上生根发芽，一批又一批仁人志士习武强身、崇武尚德、文武兼修，成就龙泉山之精神、龙泉山之荣光。

〔李云〕您讲的这个情况鲜为人知啊。您一路走来，多次夺得国际、全国武术太极拳竞赛太极拳、剑金牌，是四川武术界为数不多的武术高段位获得者，龙泉驿区青少年宫专职武术教练。您经历了什么？获得了什么？

〔蒋禄贵〕我出生在龙泉山麓的一个普通工人之家。父亲是一个出名的体育迷，20世纪六七十年代，家里条件差，成都一有体育赛事，父亲宁愿徒步几十里地也要进城去观看。我的哥哥、姐姐也爱好体育，学生时代都是学校篮球队队员。在这样的家风熏陶下，从小身体瘦弱、调皮和好动的我在上小学体育课的时候，爱上了体育老师给我们传授的少年连环拳，从此开始走上了习武之路，渐渐地，有了练武强身、除暴安良的朴素念头，并立志要成为一代大侠。

上初中后，受风靡全国的《少林寺》《霍元甲》等武打片的影响，我简直成了“不务正业”的武打迷。课余时间看武打小说，课堂上也经常偷看武侠小说。其间，班主任老师究竟收缴、撕毁了我多少本武侠小说，记不清了。那时几乎把金庸、梁羽生的《鹿鼎记》《射雕英雄传》《萍踪侠影》等武侠名著及《水浒传》《三国演义》《隋唐演义》《封神演义》等文学名著都通读了一遍，电视剧《武松》《霍元甲》和电影《少林寺》等，凡是与武术沾边的都不放过，并不厌其烦地去吸取其中的营养，通过不断的积累，我对源远流长、博大精深的中华武术有了更深刻、全面的认识，从而更加坚定了自己立志走武术之路的决心和信心。

中学毕业后，由于家境一般，条件所限，我不得不将习武放在了次要位置，先后做过工厂挡车工、炼胶工，在茶铺当端茶的伙计兼伙食团勤杂工，当过日杂废品收购站小工，当过建筑工，摆摊做过日用品生意，没赚到什么钱，苦却吃了不少，但艰苦的生活也磨炼了我坚强的意志，让我的习武之梦更加坚定。

习武早期，我四处拜师求教，经常前往桃林幽深的驿马河畔苦练武功，深夜，驿马河畔没有灯光，我就拆开手电筒头盖，利用散射光在桃林下练功。

上世纪80年代初期，武术人才相当匮乏，会武术老师的思想还很保守。那时，初学者要想学到老师的真功夫还真不容易。起初，没有老师的指点，我走了不少弯路，也被江湖艺人骗过。我经常光顾街上的旧书摊，总是想从收荒匠的筐里淘出点“金”来。

再就是到录像厅去看武打片并从中吸取营养。后来就是到全国各地的武馆、体校去进修，并先后得到四川武术前辈邹德发、刘志钢等恩师的悉心指导，以优异的成绩考入武汉体育学院，最终，以特殊人才的身份调入龙泉驿区青少年宫担任一名专职武术教练。

蒋禄贵领衔大型太极拳开幕式表演

桃花太极代表性动作——马步云劈

“苦出味来”是我的座右铭。尽管练武是苦行僧，但“苦出味来”一直在我不同奋斗历程和人生轨迹中都起到了莫大的激励作用及警醒作用。

〔李云〕30多年来，您也一直从事武术教育工作，培养了不少学生，他们也都获得了诸多荣誉。您是怎么做到的?

〔蒋禄贵〕我从1986年担任龙泉青少年宫武术教练至今，弟子、学生遍及海内外。每到周末，就会有很多人从国内外慕名而来，有政界要员、外国友人、留学生、商人、企业老板、白领精英等。

在长期的教学实践中，我首先要求学员们牢记习武先习德、饮水要思源的道理，让学员了解中国武术的起承转合就是人生的一种体现，太极崇尚的就是练人生、看人生、修人生。持空灵之心，无形，无法，以“柔”为本，以“不争”为用，在卑微时安贫乐道、豁达大度，在显赫时持盈若亏、不骄不狂，通过“修炼”来完善自我。让大家逐渐领悟中华武学的精髓以及对人生价值取向的影响，进而对太极文化进行更深层次的参悟与了解。

学员们都喜欢我的教学风格，规范、严谨，细致，不失幽默，经我亲手培养指导过的优秀弟子和学生不计其数，如:全国武术太极拳锦标赛金牌得主李亚，世界传统武术锦标赛一等奖得主熊建国，全国武术运动大会一等奖得主饶华，全国农民武术比赛一等奖得主蒲洪秀，全国传统武术比赛一等奖得主庄小莉，全国武术太极拳公开赛一等奖得主赖凤林、陈碧芳、郑方保等53名国家级、国际级太极拳金牌选手。并带队夺得首届世界太极拳健康大会集体太极拳金奖，澳门国际武术节全场最高奖“虎贲奖”团体总分第一名、集体比赛第一名，全国武术太极拳锦标赛集体拳术第三名，四川省峨眉武术公开赛团体总分“五连冠”、集体拳术“五连冠”。辅导的学员在国内外各级竞赛中夺得金牌500余枚，培养了近百名国际、国内各级太极拳冠军。数字是枯燥的，但又是最有说服力的，历经 40 多年的艰苦拼搏与忘我奋斗，我也因此被业界誉为“著名太极拳金牌教练”“巴蜀太极王子”。

〔李云〕您一直在努力不懈地做健身武术的全民普及工作，情况怎样?

〔蒋禄贵〕普及太极拳是我今生最大的愿望和追求。除了完成单位自身的工作外，我常年奔波于全国各地及国外，通过各种形式向太极拳爱好者进行培训辅导，武风武德深受大家尊重。

我认为，积极普及推广太极，其目的不仅仅在于强健民众之体魄，更主要是塑造民族之形象，振奋民族之精神。广大民众皆能修身而齐家，这正是创造和谐社会的重要基础。

授课之余，我还受邀担任台湾、澳门、香港等地武术大赛副总裁判长，国际、全国武术太极拳锦标赛四川省、成都市代表队教练，四川省、成都市武术大赛裁判长、考评长，四川省、成都市武术教练员培训班教练。

工作之余，我与人合著了《桃花太极》专著，撰写的《少儿太极拳的教学、训练、竞赛之研究》《练好传统太极拳基本功是必经之路》《试论峨眉武术产业发展的现状及对策》《习练太极拳入门之我见》入选由国家体育总局武术研究院、中国体育科学学会武术分会等举办的论文报告会，获奖并收入人民体育出版社《武术研究》《四川体育科学》《少林与太极——中州体育》论文集。是《成都太极》教材编写组第八路、九路的主创者。并出任“中国当代太极拳名家”系列特邀编审，《我国民族传统武术的文化底蕴与实用套路研究》副主编，《走向奥运的中国武术》常务编委，《中华武术名家·名校通鉴》编委会委员等。

我从 1986 年至今，致力于中华太极文化的研究和探索，深入生活感悟人生，师古不泥、博采众家，逐步形成了自己独特技艺风格。先后代表中国出访意大利、韩国进行太极拳文化交流，得到高度评价和赞赏。并受邀担任来自全球四十多个国家和地区的世界总决赛超模太极拳指导教练，让世界佳丽们领略了中国传统文化的魅力。

多年来我传帮带徒、言传身教，培养了一大批优秀的太极人才，先后被各级政府和部门授予“中国武术七段”“国家一级武术教练”“一级武术裁判”“一级运动员”“国际太极拳文化传播大使”，“当代最受欢迎的中华太极优秀人物”“当代武林名家”“四川省武术工作先进个人”“最佳运动员”“优秀裁判”“传播太极文化特别贡献奖”“青少年教育先进个人”“优秀教师”“十佳青年文明标兵”“武术学术技术带头人”等荣誉。收入《中华武术 30 年》《当代武林名家》《走向奥运的中国武术》等大典，被四川省体育博物馆永久性收藏。由电视台摄制成专题片《桃乡大地的儿子》《太极人生》《桃都太极魂》《武魂》进行专题人物报道。荣登国内外影响刊物《武魂》《武当》杂志封面等。

〔李云〕您对桃花太极未来发展的远景和规划有打算吗？

〔蒋禄贵〕桃花太极是打造和谐健康社会的新型载体和途径，必将成为人们追求健身修心的主要运动方式和选择之一。桃花太极作为龙泉驿文化软实力的代表，将立足龙泉、辐射全川、走向世界。我坚信，随着桃花太极在国内外影响的日益扩大，它必将为龙泉驿桃文化、驿文化融入更多的人文内涵和太极哲学思想，进一步丰富“成都东山之肺”健康内涵，以“品味桃花太极文化，弘扬国粹精华”为主题，把健身运动努力提高到文化层面。桃花太极作为本土地域文化品牌，必将成为桃花故里提升宣传的广度、深度和文化内涵的窗口和桥梁之一，为推动龙泉驿建设“国际生活品质城”做出积极贡献。

〔李云〕听说您的孩子和夫人都在练太极，全家人都一天不练拳浑身不自在。您一天是怎样度过的？

〔蒋禄贵〕这样说吧：一套拳，开始一个清新的早晨，从拂晓到深夜；从崭新的开始到倦意的休息，让视觉、听觉、触觉舒张。

对于中国人来说，太极其实是一种生活哲学、一种行为艺术。因为练太极拳，会在起式与收式的过程中认清自己；练拳的过程，仿若人生的旅程。或充满希望，或浸透苦涩，或冲动激情，或淡泊宁静……

一辈子，就如同一套拳，可体会百味，但最后都上善若水。看懂了拳路拳架，最后把握了人生浮沉；拿捏准，捋挤按，最后保持好内心安定。当“淡泊明志、宁静致远”成为生活的归宿，对拳的深沉热爱，对人生的深刻领悟就成为成为心中的底蕴。

以儒雅气质完成一套太极，以创新态度继承中国传统；从拳中管窥中国人的生活精神，从心中体味太极之于人生的意义。

画家熊英杰

【艺术简介】

本名熊杰，四川内江人，别号老雄、东山居士等。艺术工作室“明心堂”。现为成都市龙泉驿区美术家协会主席、龙泉驿区美术馆负责人、成都东山书画研究院院长、中国丘陵田园水墨画会会长、中国国画家协会理事、四川省美术家协会会员、成都市龙泉驿区美术家协会主席等。长期从事书画组织工作，作品多次参加全国、省、市各类书画展。对龙泉山“丘陵田园山水”的研究，已逐步形成自身独特的艺术面目。

艺术梦想 品质生活 快意人生

——青年画家熊英杰先生访谈录

〔李云〕英杰先生，您好！龙泉驿区美协近年开展了不少有影响力的活动，您作为龙泉驿区美术家协会主席，策划这些活动时您的出发点是什么？目前已组织开展了哪些活动？重点还想做哪些事？

〔熊英杰〕作为龙泉驿区美术家协会主席，我始终抱着一颗“艺术惠民”之心，以促进龙泉驿区美术事业的发展和提高美术活动档次以及影响力为己任，以搭建一个较高的艺术交流平台和创建地域性文化艺术品牌为目标，围绕习总书记在文艺座谈会上指出的“结合新的时代条件传承和弘扬中华优秀传统文化，传承和弘扬中华美术精神”来开展一系列美术活动，而近年开展的活动已得到老百姓和省市美术专业机构以及相关领导及专家的高度赞赏。

我们相继开展了“中国梦‘走进经典’历代名家名作赏析展”“‘桃园乡愁入梦来’全国书画名家画桃花原创主题展”“国际化生活品质城‘艺术之家多彩人生’谭昌、谭伟、谭静三人国画作品展”。还准备开展“庆祝中国共产党成立95周年法治与核心价值观美术原创作品展”，并将在新疆哈密举办“中国梦‘一带一路’中国西部丘陵田园画派丝路七十行精品巡展”等大型活动。

〔李云〕您做这些事情的时候，有没有难度？难度在哪里？怎么克服的？

〔熊英杰〕做什么事情都有难度，也都没有难度。都有难度是客观存在的，都没有难度是要有克服困难的勇气。其实做事除了需得到领导的支持和同事的协助外，要克服困难自己还得有信心、诚心、爱心、细心、公心这“五心”，其所遇之困难就会迎刃而解了。

〔李云〕这些事情，可以说是文化艺术的公益活动，必须有人去做，有人去付出。作为中青年画家，您个人的艺术创作也得抓起来。在工作和创作发生时间

熊英杰作品 丘陵春潮

熊英杰作品

冲突时，您内心纠结吗？是怎么协调处理的？

〔熊英杰〕纠结是有一点的，但很快能调整过来。其实我的创作欲望和激情一半是得益于组织开展文化艺术公益活动，当投身其中时激情便很快被激发出来，每当看到邀请参展的名家大师们和同人们的作品画得那么好，自己也有一种“手痒痒”的感觉，也有一种“见贤思齐”的欲望，兴之所至，只有挤时间画画了。

〔李云〕艺术需要天分，更需要生活的积淀和个人的勤奋努力，这些您都具备。近年来，您在艺术创作中取得了可喜的成绩，为您高兴。能与我们分享一下吗？

〔熊英杰〕过去许多作品参展入选或获奖或发表等，都是一个过程，成绩谈不上。给人看奖牌看头衔和看标签讲传奇没有多大意义。目前我觉得唯一可以与大家分享的是，当我袒露胸怀拥抱龙泉山时，找到和发现了一条属于自己的艺术之路，这使我在创作上更加从容与自信，更加欢喜与惬意，这种发现美和创造美的喜悦随时能点燃我的创作欲望。

〔李云〕可喜可贺！您近期正在创作什么？跟过去比，有何不同？

〔熊英杰〕近期正在创作以龙泉山为主题的丘陵田园作品，跟过去比，已

熊英杰作品

逐步呈现出自己独特的面目。

〔李云〕龙泉山是四川盆地丘陵第一山，很值得画，何况您生活工作在龙泉驿，可谓“近水楼台先得月”，有天时、地利、人和优势。您对龙泉山有什么真切感受？

〔熊英杰〕我从小生长在沱江边上，对川南丘陵山水特有感情，来到了龙泉驿，龙泉山的魅力彻底把我征服了，这才是我要画的丘陵山水，这才是我梦中的家园。龙泉山兼具大山和丘陵的特点，单是龙泉驿境内的龙泉山脉每一段都有不同的美，有的朴实深厚、沉雄大气，有的幽邃苍茫宛如仙山，有的农家犬吠鸡鸣园田，有的山脉绵绵浓淡相间……

我家住在龙泉山下的驿马河边，从 24 楼推窗便见最美的一段龙泉山，每天我在生活阳台洗漱、在厨房做菜、在品茶室品茶，随时都可透过窗子观察到龙泉山的变化，更不用说龙泉山四季的变化了，单是每一天每一点的变化感受都不同，真正体会到画家应画身边最熟悉并能打动你的东西。走马观花的采风写生画出的作品容易流于肤浅，我曾坐在自家阳台上品着茶，远望龙泉山写过一首诗——“朝霞变幻气万千，丘陵田园沐照前。美景染人绘意成，墨海素宣可耕田”，这是我对龙泉山的真情实感。

〔李云〕人说艺术家要像钓鱼者一样有自己的“窝子“，看来您找到了自己的创作“窝子”了。下一步打算做什么？期望达到一个什么样的目标？

〔熊英杰〕除抓好美协相关工作外，准备组织七个实力派画家成立一支特色艺术品牌组合，即“丘陵七士”，我们将以龙泉山为创作基地，创建中国丘陵板块的第一个画派——“丘陵田园画派”，并打算通过“一带一路”向外推广，提高龙泉驿对外的文化知名度和影响力。

熊英杰作品 丘山桃涌

〔李云〕业余有何爱好？品茶？做菜？

〔熊英杰〕我的业余爱好较为广泛，除爱好看书和听音乐以及品酒外，更爱好品茶和做菜。艺术家需接地气，浸泡在生活中，体验生活带来的不同感受，这样才能激发你的爱心和创造力。

〔李云〕茶文化是国学的一种。茶是艺术。品茶如果有段位的话，你自认为达到了几段？在茶和绘画之间，您一定有独特的人生感悟吧？茶和绘画有何联系？对您创作有助益吗？

〔熊英杰〕任何段位都与我无关。品茶只是为了心的回归、心的歇息、心的观照、心的享受、心的澡雪、心的闲适、心的感悟、心的禅定……生活的元素都和艺术息息相关，何况茶。品茶问艺是一种积累和沉淀，是一种感悟和境界，是一种观念和道行，在每个层次的山峰看到的风景是不同的。品茶要有最佳的心理环境，即“心境”，古人把心境设定了许多的条件，“无事”是第一个条件，“无事”是指品茶人神怡心闲、悠然自得、无牵无挂、无忧无虑，达到功名利禄声色犬马于我如浮云矣，这样才会真正体味到品茶的真谛，获得精神上的最高享受，才会感悟到“茶禅一味”之境。

北京有位画家朋友说得好——“一切都是忙出来的，唯有文化是闲出来的”。为文为艺要达到至高境界，须有一颗“闲适”之心。现在人总是匆匆忙忙停不下来，有多少人可以静下心来，去品味其中的一份闲适与淡泊？越追求物欲越使人空虚，而你正好能静下心来吃杯茶，让你的灵魂回归到自己的心房。品茶的第二条件是“清静”，静才能生定，定能生慧，慧能生悟，才会生发无穷的想象力和创造力。上前年我撰写了一副嵌字联句“坐下放下方言道；清心静心可品茶”，这正是我接触茶道后一种心境的写照。可以说这几年我的创作灵感全来自于品茶，每当品着茶的时候常常许多佳构便产生了，许多诗句也信手拈来，直抒胸臆，可见“茶生禅心”“茶为心画”“画乃心印”，茶不仅可以清心，亦可载道。

〔李云〕烹调也是艺术。锦衣玉食给人美的感受，更需要人去创造。您把艺术生活化了或生活艺术化了，整天沉浸在“生活即艺术，艺术即生活”之中，会慢慢麻木了呢，还是对艺术更敏感了？

〔熊英杰〕艺术从古至今与我们的生活本就存在着关联，在经济全球化、信息网络化、科学技术迅猛发展的今天，广告业、IT 业、第三产业，甚至工业化了的农业，以及人们的衣食住行都离不开艺术的参与和融合。“艺术生活化”和“生活艺术化”将是现代人类生活的一大特色。早在古代，孔子就认为，艺术化的行为和人格是社会教育和自我修养的最终目的。

艺术的最高境界就是艺术生活化，怎会麻木呢？当艺术彻底地融入整个人生的细胞的深层当中，将转化为工作的动力、生活的热情，甚至激发出超强的创造力，正所谓“生活是艺术创作的唯一源泉”！然而很多画家把体验生活单一化了，好像画家体验生活只是采风写生，整天沉浸在生活的快乐中是“不务正业”，忘记了东坡先生有句话说得好——“功夫在诗外”，艺术家一定要在生活中去体验“酸甜苦麻辣”等等不同滋味，才能对人生和艺术有所思考。一定要学会欣赏品鉴各种美，偏食则会营养不良。

我见过一个画家，只喜欢黄宾虹的画，他用黄宾虹的画和境界来衡量一切，并否定其他同时代的大师，这岂不是个笑话！他不知“审美尤尝百味”，甜有甜的好，辣有辣滋味，“偏爱不能偏废”，不能因你喜欢辣味而否定其他味道。

其实绘画创作过程与烹饪过程是一样的，做什么菜是“立意”，买什么菜是“写生”，择菜和切菜是构图取舍，备作料是调墨调色，下锅烹饪是“作画”，起锅装盘是“装裱装框”，最后上桌让人品尝就是“展示”。懂得烹调艺术就懂得品味，能提高“味觉”的分辨率，就可校正自己的作品，这次盐放多了下次少放些便是。

爱好生活中的品茶和做菜，自觉融入艺术生活化和生活艺术化之境，方能体验真正的品质生活，才能对艺术有不同的深切体会，深知艺术需要独创，贵在独创，只有“尝遍人生百味”，才能兼收并蓄，从而丰富艺术修养，把自己的“菜肴”做得更有特色、更有滋味！这样才能创作出不同的“美味佳肴”和艺术佳作，只有沉浸在艺术生活化和生活艺术化的境界里，才是最快意的人生！

〔李云〕好一番妙论！看来您品茶做菜已到了出神入化的境界了。感谢您接受采访。

〔熊英杰〕也感谢您。

花鸟画画家余周建

【艺术简介】

1970年生于成都，为陈子庄再传弟子，受业于马大骙先生，擅长工笔花鸟和写意花鸟。现为四川省美术家协会员、成都市美协会员、成都市书协会员、成都益州书画院会员，成都工笔画会画家、成都市农工民主党书画支部画家、四川岷山书画院特聘画家、四川巴蜀诗书画研究会画家、慧存文化传媒签约画家。

做自己喜欢的事业

——花鸟画画家余周建先生访谈录

〔李云〕尊敬的余先生，您是何时到龙泉驿生活定居的呢？是什么机缘使您与龙泉驿这方水土结缘的？

〔余周建〕我 1970 年出生于成都，从小就喜欢东涂西画，终于有幸在 23 岁时拜了马大骙老师为师，从此便走上了绘画的道路。艺术来源于生活，因此，便四处写生。我喜欢画花卉，龙泉驿是四季花果之乡，所以我经常到龙泉驿写生，玉兰、桃花、枇杷、梨花、荷花等花卉都是龙泉驿常见的，龙泉驿的花果大都种在青山绿水间，桃红梨白满山谷，清香悄然入万家，甚为壮观。我爱人是龙泉驿本土人，我也越来越喜欢龙泉驿，2008 年便定居龙泉驿了。

〔李云〕用一个画家的眼光看，龙泉驿什么特质吸引了艺术家们的到来？

〔余周建〕龙泉驿首先是画家采风创作的佳境，我的师爷陈子庄先生对龙泉山情有独钟，他踏遍了龙泉驿的青山绿水，他画龙泉的山水，画农舍家禽，画龙泉驿的小孩们，画农耕时的牛，画小院的娴静、牧童等，他给后人留下了很多精彩的龙泉山小品系列。现在越来越多的艺术家扎根龙泉驿。我爱上了龙泉驿的山水，爱龙泉驿四季花果飘香，更喜欢龙泉驿的风土人情，喜欢龙泉驿的大度，她容下了五湖四海的人们，容纳了天南地北的乡音，正因为龙泉驿的大度，使我们沐浴阳光，备感关怀与亲切。在阳光的沐浴中，画家们轻松地、有激情地去创作艺术。

〔李云〕您曾整整十年天天画画，您却一张画都没卖出去，那是一段不短的时光，您是怎样度过来的？您的家人支持您吗？

〔余周建〕学画之路是漫长而艰辛的，中国画博大精深，岂是三五年的事？开始入门学习技法，后来是体会，再慢慢地悟思想，最后才是创造艺术。头十年肯定是学习阶段，自己知道自己该做什么。每天早上去画室画画，老师也会随时来指导。那时虽然没有卖画，没

余周建作品

余周建作品

有经济收入，但内心是畅快的，因为做了自己喜欢的事业。人一辈子最痛苦的就是不能做自己喜欢的事，到头来是学非所用。做自己喜欢的事，即使时光很漫长，也不觉累。最开始家人非常支持，时间一长就反对了，没有收入，还要不停地支付纸墨笔砚的钱，对于家人的反对和唠叨，我也能理解，但我还是坚持下来了，我很感激我的亲人们。

〔李云〕现在您主攻的花鸟画已进入成熟阶段了，您的作品去向如何？

〔余周建〕大概在我画到第八年时，我画了一幅工笔荷花，甚觉满意，便拿去参选“四川新人新作展”，知道入选展览时心里非常高兴，现在那张入选证还保存着。紧接着我又画了一幅《海棠枝头鸟》工笔去参加成都市的一个画展，又入选了。从此我便主攻工笔花鸟和写意花鸟，后来又陆续参加了些省、市、区的各种画展。到现在，我的画主要是被一些喜欢我的画的人收藏。还有一些作品用来做慈善，我们岷山画院与《华西都市报》合作，举行了六季“上善若水·名家字画义卖助学”活动，每年资助40名到50名贫困大学生。

〔李云〕您的工作室设在龙泉驿区一个大的社区里，听说前来向您学习画画的成人学生，你都不收他们学费，这是为什么？

余周建作品

〔余周建〕是的，那套房是我们的拆迁房，我用来做了我的工作室。我喜欢真心学画之人，只要是真心喜欢中国画又肯学习的人来我这里学画，我都不收学费。我师爷陈子庄收弟子时没有收过学费，他培养了很多有成就的画家。我学习绘画也没交过学费。我非常感谢我的老师马大骙先生。所以我教学生也不会收学费，希望有更多的人关注中国画，有更多人来传承与发扬中国画。

〔李云〕在绘画的长路上您跋涉已久，重要的感悟是什么？

〔余周建〕到如今画了二十多年了。我觉得画画如人生，人生需要真、善、美。画也要有真、善、美。人生要有舍得，画也要有舍得，如：写生创作时，我们要做大自然的主人，对景象该舍弃便舍弃，该进行艺术加工和添加时也要做到。人生亦是如此，有舍有得。还有就是人品如画品，若人品不好，那么其画一定差。因为在画画时自己内心深处的东西不知不觉便会表现于纸上。所以作画必先做人。

〔李云〕您有着怎样的艺术观？

〔余周建〕艺术源于生活却高于生活，艺术是画家自身的真情流露，最重要还是讲人品，讲真、善、美。艺术是正能量，给人以向上的启示和对美好的向往。艺术能触动人的心灵，净化人的心灵。不要做一个负能量的画家。

〔李云〕您对未来有何期许？

〔余周建〕希望中国画永远是正能量，希望更多的人来传承和发扬中国画。我还期待我能不断地突破自己，有更大的进步。我也会永远清醒地认识到，逆水行舟，不进则退。

余周建的恩师马大骙先生评价他的作品时说道：

余周建的画，使我们感觉他心思缜密。但仔细观察，他的工笔画绝非那种不苟细处、处处小心的工笔画，而是透着写意画的那种奔放的趣味。故画面灵

余周建作品

动而不刻板。还有最重要的是，他的每一幅工笔画都是通过写生得来的，是把大自然中的美经过提炼而集中于他的画图中的。故其画有勃郁的生机与鲜活的气氛。自我的美学元素自然就多了些，特点也与世上流行的画有所不同。

工笔画讲究设色，艳而不俗，余周建所画的又属于重彩，很容易落入板滞、艳俗的陷阱，但近些年通过努力，其赋色已做到典雅通灵的水平。画家往往不易兼善，尤其是画工笔画的，一般画写意画就很难得心应手，或者根本就画得不好。但是余周建工笔画不错，同时写意画也画得神采飞扬、健笔凌云。其纵横驰骋勾花点叶无不如意。记得他在岷山饭店展出的一张写意菊花，画得大气磅礴，在展品中十分显眼，最后被一位陕西客人买去。

但是生活中余周建是低调的、感恩的，尤其工作单位在改革大潮中垮掉而生活困顿，他也没有因此而“人贫志短”。当时凡帮他卖掉画的人他都相应地以画报答。他待人和善、乐于助人。他的师弟师妹在工笔画中遇到了难处，他都不厌其烦地给他们仔细讲解，以至于大家都戏称他为“工笔画组长”，后干脆简称“公主”。

他为人的低调和友善就像岩边开放的小花绽放在春日之中，别样绚烂，呈现出不同的生机与顽强的定力。我曾写过一首诗，寥寥数语大概能展示他生活的一个方面吧。诗曰：断崖无沃土，细小也开花。盘曲连枝瘦，初张细叶斜。天然无雕饰，野逸去骄奢。庭卉争春艳，吾心在质华。

马大骙写于山门寺外居舍

书法家杨昭鸿

【艺术简介】

别号望山居主人。1970年生，四川成都人。中国书法家协会四川省分会会员。四川省诗书画院书法研修生毕业。师承当代名家刘新德先生，现为成都市龙泉驿区书法家协会顾问。幼承家训，涉猎经史，书法从明清入手上溯晋唐，逐渐形成潇洒、自然、恬静淡雅、秀敏灵动的艺术风格。作品曾荣获四川省第四届书法篆刻展三等奖。

书法艺术凝聚了汉民族的审美内核

——访青年书法家杨昭鸿先生

只有向高山大海无限靠近，靠近

才有机会领略山之巅、海之底的美景

浮躁是当今时代的特征之一。人们忙忙碌碌、东奔西波、电话频响、睡眠不足，仿佛都在干大事，没有一个闲人。准确的表述应该是：行动更是当今时代的重要特征。

球类是运动，棋类也是运动。球类便于观赏，有大批球迷，欢呼喝彩。棋类却避于一隅，寂寞安宁，也有一批棋迷，但欢呼与喝彩翻不起波澜。运动与运动不同，但冠军与冠军却是相同的，都是时代英雄。

在此，我想说，有一种人，他不玩球不下棋，他搞一种很个体、很个性的运动，比如画画，比如写字。这是很孤独的事业。

写字除了作家，还有书家。他们崇拜母语汉字，汉字是世上唯一传承5000

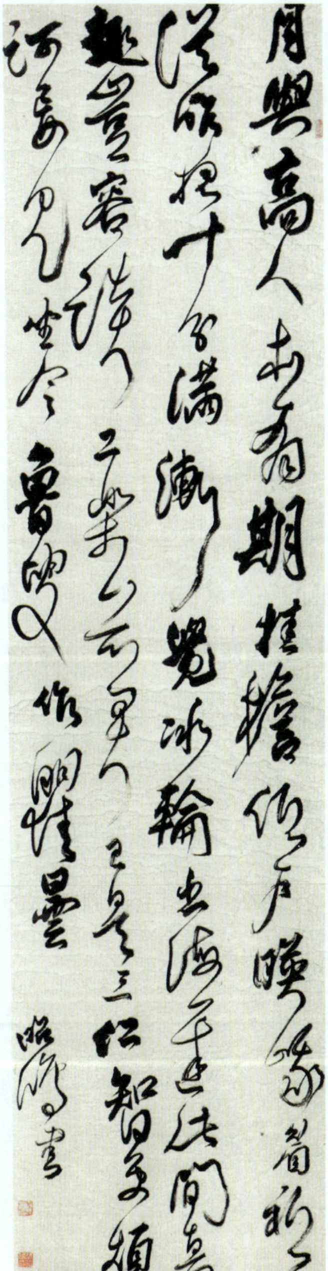

杨昭鸿作品

年未曾中断的文字。电影《英雄》里一老者说："秦可破我城，亡我国，却不能灭我文字。"

文字是民族存亡的象征，人们热爱她、美化她，以她为图腾，自有一番道理。

青年书法家杨昭鸿，沉浸汉字书法艺术的事业里已二十五载有余，他跑了多少场马拉松？踢了多少场球？下了多少盘棋？他付出的心血汗水有几许？意志毅力有多坚？鲜为人知，无人喝彩，但他孜孜追求的决心和强大的内在精神动力不为俗世所动。

杨昭鸿的外婆是名老中医，开处方用毛笔。自幼受墨香熏染，拿毛笔写字顺理成章，刚上小学的杨昭鸿就跟同学不同了。同学们崇拜他，老师表扬他，他的字经常在班上、在学校作为示范展览。这些有力的激励，加上外婆的着意指教，使昭鸿的字越写越好。好到一定程度就是书法了。跟书法结缘意味着什么？那时的杨昭鸿还不太清楚。他凭着兴趣，认真临帖，埋头修炼。

高中毕业，他顺利考进美专。系统的学习，让他对传统文化和中国书法有了真正意义上的理解、吸收、传承。

书法是最具有民族特色的一个独立的艺术门类。只有中国才有，别国即使有，也是从中国传入。

书法的背后是文化，它不是一种简单的技能。现代人有急功近利者，喜欢将书法作为表演手段哗众取宠。杨昭鸿则以东晋王羲之父子为宗入手，系统临摹、潜心研习他们的书法艺术，以及宋代苏东坡、黄庭坚、米芾，元代赵孟 ，明代董其昌，明末清初王铎等人的章法、字体、笔法、神韵。其后，再学习汉代张迁、乙瑛的金石、碑文。

中国书法审美注重法度。通过大量复制、学习前人，昭鸿的书法语言产生了。他的作品不但意静神闲，有文人的书香气，而且有汉碑的骨力、阳刚之美。

杨昭鸿将业余时间大部投入书法研习中。他不抽烟喝酒打麻将，却定时向省市书界名家讨教、学艺，有时一个电话交流两三个小时。个人的收入几乎全部投入到购买书籍、资料、纸墨笔砚上，仅一套《中国书法全集》就五千多元。这套书是当代最完整的一部作品集，具有很高史料价值。通常他看中的书法理论书籍或书法帖，都要想方设法买到手，不买不行。幸亏他有一位贤惠、善解人意、鼎力相助的妻。他的妻遇到好书也会主动买下送给他。日积月累，昭鸿的书房兼画室十分充实丰富，如何妥当安置这些精神食粮，让他在装修新房时颇费思量。

精神食粮足够他咀嚼、消化、吸收。他说，书法穿越了时空，让他走进历史、亲近文化，与历代大师、精英们近距离交流。每当夜半人静，他感觉自己的呼吸是如此与大师们靠近，每一次笔尖的颤动、提按、使转是如此受到大师们的启示。当他的妻一觉醒来，发现枕边人不在，而那人正在案前与古人切磋技艺，直至东方既白。

一年四季，他中午从不休息，

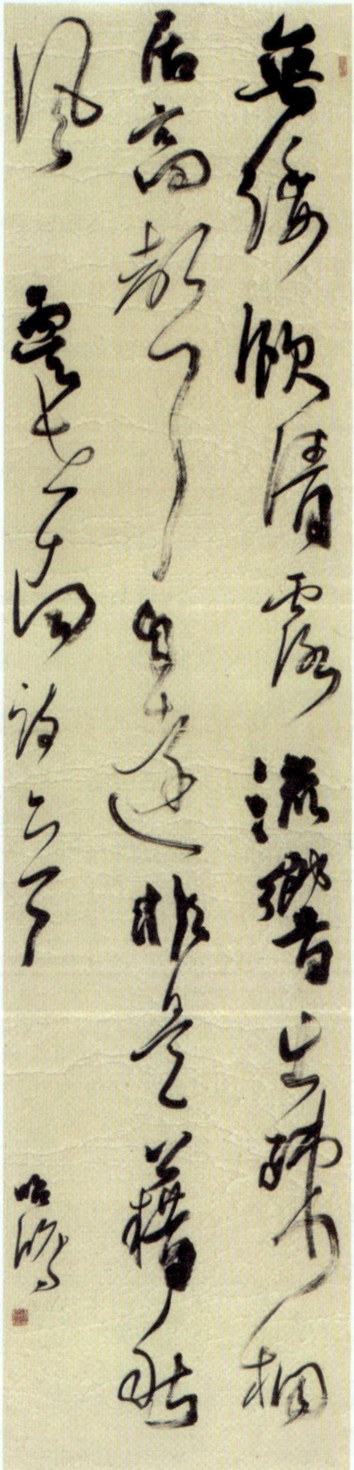

杨昭鸿作品

人家午休，他练字，站着练，蹲着练。而节假日正是他集中精力努力精进的宝贵时间。潜心练字，最怕人打扰，包括家人喊吃饭，他都嫌烦。稍有闲暇，他又要通过报刊、网络密切关注当代书坛走向、流派、风格、书法现象、新人、新作。

一向体健力强的他，没有轻减腰围，却患上了腰肌劳损。在他喊腰疼的时候，同事、朋友都笑了，一个大男人腰疼？“的确疼啊！”他说。

杨昭鸿行走坐卧都在琢磨书法。心思在书法上，灵魂往往出窍。这是他的常态。据此，不要以为他是一位留长发长须、不修边幅、落魄的呆子。其实，他行走在大街上，气宇轩昂、风度翩翩、衣冠整洁，是一个明朗、健康、正常的时尚青年。他的歌唱得好、舞跳得好，喜欢体育和电影，与朋友相聚时喝酒聊天也是一把好手。这也是他的常态。只是他神聊的内容展示了他厚重的历史文化底蕴。他引经据典，历史典故、事件、人物信手拈来，如数家珍；诗词歌赋，出口成章。谈及当今时代、时尚，他同样口若悬河。历史和时尚奇妙地组合一身，令这个人显得立体而别具风采。

他近年创作的一批作品，时有在省市获奖，受专家高度赞赏。认为他的书法传统根基扎实，基础好，路子正，而且极具现代气息。他长期浸淫在传统书法的海洋中，手摹心追，得其精髓，并把营养消化在自身创作中。他的作品形式上有突破，水墨变化有新意，对字形结体有独特认识，注重造形和现代审美，已初步形成“狂逸优雅、沉雄大气”的个人风格，虽不是专业书家，却胜似专业书家。

书法艺术凝聚了民族审美内核，魅力永恒。杨昭鸿认为古文化、古人好比高山，现代新文化艺术正如大海。只有向高山大海无限靠近，靠近，才有机会领略山之巅、海之底的美景。

祝他在书法的路上走得更远！

画家吴晓东

【艺术简介】

1971年生于一代文宗陈子昂故里——射洪，毕业于西南师范大学美术学院研究生班。现为四川省艺术院画家、四川省青年艺术家协会常务副主席、四川省艺术院东坡书画研究院秘书长、嫘祖书画院常务副院长兼秘书长天府百家画廊策划执行人等。出版有《吴晓东书画年历》《吴晓东山水创意速写》《吴晓东花鸟作品集》《吴晓东山水画集》《荷香新韵——吴晓东彩墨新作选》等。

吾将上下而求索

——青年画家吴晓东先生访谈录

吴晓东身为四川艺术院的专职画师，难免被很多行政事务缠身——活动的组织开展都是耗人精力的事。他的工作室人来人往，国内外的艺术家来了，都要到此喝杯茶，聊聊天、交流交流艺术。时间这个东西就嗖嗖地过去了。他画画，只有挤时间、抠时间，中午别人休息，他画画；夜晚不眠不休，他画画；周末节假日待在工作室画画。每次见他都在画画，一只手持烟，一只手握笔，烟雾朦胧了他的一脸疲态。“不息蜗牛”是他的QQ名，更是他的日常写照。

因为离艺术院近，我到他的工作室比较多。坐在窗边喝一杯他的好茶，眼前就是被树荫笼罩的湿地公园——龙泉奶牛广场，孩子们在家人陪伴下玩耍，隐约传来欢乐的人声；也一眼看到公园旁我居住的小区，我的家。远处是龙泉山。这一方窗外的景色特好，我家离艺术院空间距离这么近，是我特意为之的。当初买房时就想离巴金文学院、沫若艺术院、四川艺术院近些，再近些。我要做这三个省级文化机构的邻居，随时都可以亲近它们。这使我有个错觉：我跟

吴晓东作品 霜染芙蓉醉

它们是一体的。我常常出没这里就像出没自己的家一样自然，不会客气。所以，吴晓东应该是我接触最多、最熟悉的画家了。

聊天，其实就是在对他做访问。

刻苦修炼

晓东以前的作品大多是花鸟小品。有一天我到他的画室去玩，发现墙上有几幅巨作，他正在画，还没有完工。风格淡雅、气象万千。他的画风突然变了，变成这样了。我有点反应不过来。才几日不见？

他说：不是突然。是必然。

这些年来他一直在默默探索，希望突破自己，找到自己要走的一条路。一个画家要解决自己的走向问题。他有时很苦恼，画废了很多画，画了撕，撕了画。失败，使自己更有收获。知道失败在哪里，为什么失败。反复体会，熬过一个漫长的阶段，瓶颈突破，就升华了。

有评论家认为，吴晓东的艺术之路是从中国传统水墨写意绘画起步的，空灵清雅的意味比较明显，对传统的依恋之情处处流露。他有着出色的传统水墨功底，但又不为程式所拘泥，对水和墨色的运用自如，既透露出凭借对传统“以墨代色”的深刻理解来充盈自己的绘画语言，又为水墨画的创新注入了生机，充分把握了现代表现的思想观念，更重要的是呈现了当代人勇于探索的精神意蕴。感应艺术时代精神的变迁，他的艺术语言、创作题材和精神内涵都发生了脱胎换骨的变化。这是一个传统思维消解和当代观念觉醒的过程，也是一个全新艺术视野形成的过程。

他说：知不足，常乐。这种状态很好。常对自己的作品进行分析、探讨，攻破难点疑点，或请高人点破，自己又进了一步。不知足，使人进取；知足常乐，使人懈怠。

画画之余，他研读很多东西方艺术，读很多书，吸取全面营养。东西方艺

吴晓东作品 梦回家山

术相通，吸取西方的优长，奉行拿来主义，借古开今，中国画姓中，但需融合。他到敦煌感受最深，看了很多特库——一般游客是无缘一见的，那真是艺术的瑰宝。

他的画借鉴了民间艺术和西方艺术。他的花鸟、山水画，有的大写意，有的兼工带写，有的是中西技法相融合的工笔画。画面一律干净、淡雅、清丽、唯美，不染凡尘，赏心悦目。花卉、小鸟和风共舞，植物、动物和谐共生，大自然浓郁的繁荣气息扑面而来，生灵们生活得生机勃勃、情趣盎然。

他用自己独特的绘画语言，构成了超然物外的个人风格。我手写我心，他的心境就是画境、心意就是画意吧。

回归艺术本身。他跟自然对话，心灵纯粹、态度庄重，传达出天人合一的高贵境界。画面有很强的表现力和渗透力。

这些画引领我进入一个静谧、祥和、温暖、光明的花鸟虫鱼世界。这无疑是美的。美的事物无人不爱。荷花种满田，鱼儿穿梭来，蜻蜓点波，鸡鸣犬吠，充满菜花香气的恬淡。农人不紧不慢平平淡淡地生活，没有太多的欲念和希求，没有太多的欢乐和悲苦，只是心平气和地生活着。画里画外的生命意识和悲悯情怀浸润出来，无一不体现晓东的人文思想，展示他的人本主义精神世界。

突破自己

晓东受家庭熏染，自幼习画。他的父亲在经济困难时期，依旧订了美术类画报，家里笔墨纸砚齐备，一有空父子俩就挥毫泼墨。后来他考入阿坝师专美术系、西南师范大学美术学院系统学习、刻苦修炼，30 多年孜孜以求，不断精进，具有扎实的美术功力，终获正果。20 余件作品参加全国及省级展览，10 余件作品获奖，先后在全国 80 余家报刊发表 500 余件，并有数家报刊以专题文章评价其人其画。数十件作品被美国、韩国、日本、新加坡、马来西亚，我国台湾及大陆等机构和友人收藏。

晓东对待自己、对待画作严谨负责。他希望自己做一个立得起、站得住的

吴晓东作品 春之韵

画家，一个画艺和人品兼修的画家，一个涵养深厚的文人画家。他旗帜鲜明地反对过度包装，反对浪得虚名，反对名不副实。他说，艺术需要自觉。作品的时代性非常重要。艺术最终要反映时代的东西。中国的花鸟画已走到一个相对成熟期了。传统的花鸟画主要是画折枝。古人没有画朦胧的花鸟的。今人要在继承中发展。学古人，但不能受其局限，毕竟今天的时代不一样了。中国画最重要的东西是画心相，不能照抄自然，不能纯画自己的心灵，要在似与不似之间。

一个画家应该用笔墨尝试多种风格。小品是小美，表达小情小趣。画家随性，有感觉就可以画一幅。而今天这个时代这么丰富，不是小品所能完全表达和承载的，需要宏大开张，需要大美，需要另一种语汇。终结自己的过去，目的是

吴晓东作品 荷塘月色

追求大气象。晓东一直在寻找自己的这种绘画语汇。小品是必经的阶段，是铺垫。

作品跟尺度有关，跟画家的价值取向有关。视觉艺术就是要讲视觉，需要冲击，需要强度，需要一种精神力量的冲击，靠审美的因素打动人。真正好的艺术作品引导人们去审美。画家制造了这种意境，把人拖进去，达到天人合一的境界。强调视觉、形式美，强调技术的语言。

他对自己的要求是：能工能写，技术全面，语言表达上没有障碍。

荷花，一直都是中国传统绘画中的经典题材。晓东笔下的荷花开始超脱于传统，带有一种当代的情理和韵致。“变而能常”，那些朦胧虚幻的荷塘月色，随着极富张力和充满诗意的墨色的铺展和线条的延伸，构成一幅幅梦境般的超现实图像，带人们进入了一个微曦中残破、神秘的境界。

有评价说：“这如信仰般的梦想或许正是他思想、创作和情感的源泉，似乎也能体察到人们在现实生活中的孤独、寂寞和渴望。虽然其视觉描述的对象一如既往延续的是对荷花的关注，但画里画外透露着的却是一个当代人对当代社会和艺术人生的真诚思考和激情表达。这恰恰折射出他所赋予荷花的文化内涵，呈现一种高雅、淡泊和纯净的精神，带给人们一种超凡脱俗、与世无争的气质和境界。其真实意图也是在彰显自我的一种精神立场。”

他所画的荷塘月色系列，十多幅。月光下的意境，朦朦胧胧，静谧如水。荷如人生，人生如荷。荷塘每个季节呈现出的不同，点线面几个绘画要素，变化无穷。风荷、雨荷、雾荷、夏荷、秋荷、荷的叶茎……无穷变化。色彩单纯，水、草、禽，表情达意，他做拟人化处理，折射人世间的一切。

艺术家需要有探索的勇气。破坏意味着创造。他用不同的纸、材料来实验，最终走向不同的高度，为下一步铺路。

水到渠成，过程艰难。有时郁闷苦恼，有时高兴，谁也帮不上忙，只能靠自己去解决，在这个过程中形成个人的风格。

文化视野决定了你的选择和高度。

他说艺术院地处龙泉驿，跟龙泉驿亲密互动。这里山水、桃花、空气、气氛都好。白德松、姚思敏、邱笑秋、谭昌荣等大家都在此地，人才济济，他们也是艺术院的特约顾问。艺术需要碰撞和交流，艺术的发展需要借力推动。

五年前，他被调入四川省郭沫若艺术院做专职画家，有了自己的独立的工作室，每天除了料理必要事务就是画画。足够充裕的时间和足够宽广的空间，使他成了富翁和最幸福的人。想必他是十分珍惜的，故而会格外地用功。期待他的新突破。

书法家周敬

【艺术简介】

中国书法家协会会员、四川省书法家协会会员、龙泉驿区书法家协会主席。书法作品获四川省教师书法作品展一等奖、四川省首届青年书法篆刻作品展提名奖、四川省第二届临书临印展获奖作品、四川省第五届书法篆刻作品展优秀奖等，作品入展全国第九届书法篆刻作品展、全国第三届行草书展、全国首届临帖展、“芙蓉绽放”全国城市书法作品展等。

书法艺术是一门人的艺术

——青年书法家周敬先生访谈录

〔李云〕周敬先生，我们知道您来自教育战线，是一名光荣的人民教师。您常年对学生做书法艺术的普及教育、创作辅导，请问至今您辅导了多少学生，他们的成长情况如何?

〔周敬〕我在学校对学生进行书法教育已有13年了，估算一下，至少也有3000多学生了吧！培育了一大批书法特长生。小学书法教育大多为普及性教育，重在让孩子了解感受中国书法，并从书法教育中受到人格品性的熏陶。有些书法特长生后来成了专业书法家，成了省、市、区级的书协会员，还有的因为书法特长考上了大学的书法学专业。

〔李云〕书法是我国独有的一门艺术，让孩子们从小受到书法艺术的熏陶，是很美的事。您本人是怎样走上书法创作之路的？是什么东西触动了您?

〔周敬〕我的书法学习是从1998年开始的。那时候我在简阳师范学校读

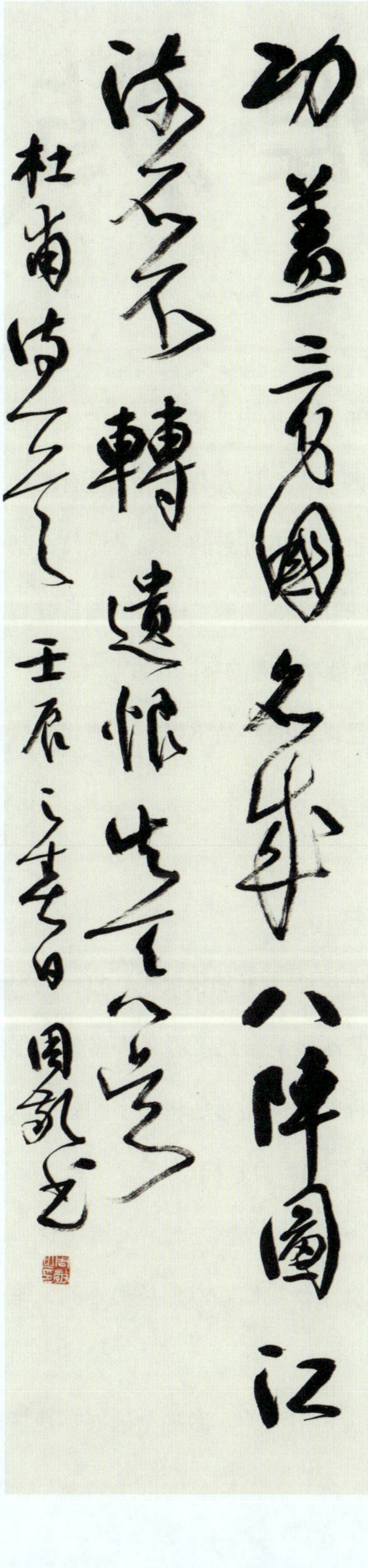

周敬作品　行草杜甫　八阵图

书，当时的师范生对三笔字（毛笔字、粉笔字、钢笔字）的要求很严格，过不了关学校就不给你发毕业证，逼得我们学生天天都要练书法。其实在这之前，我连毛笔都没有摸过。在学校举办的一次学生书法比赛中，我的钢笔字居然获了个三等奖。学校发奖品很奇特，是一件墨汁，共六瓶12斤。我拿去卖，没有卖掉，丢了又可惜，只有把这12斤墨汁写完。这一写就一发不可收，自己越来越喜欢了。后来就开始拜师学习，正式走上了书法学习之路。

〔李云〕在书法创作路上，您体会到最困难和最快乐的是什么？

〔周敬〕书法学到现在，我觉得最困难的就是坚守。学习书法除了临帖，别无他法。临帖大家都会，就是照着字帖写，但要临得深入，那就是一门学问了。临帖是解决技法上的问题，创作才是最终的目的。书法艺术创作要讲渊源，必须紧靠传统，才能得到众人的认同，这是

周敬作品 隶书 放眼量

由中国文化的性质所决定的。中国书法 3000 多年历史，遗存下来的优秀经典之作浩若烟海。这些经典之作都很美，很是诱惑人，让人有想学为己有的冲动。那这么多经典都要学吗？我看你无论如何也是学不过来的。如果你什么都学，到时你可能学得什么都不是。学习书法需要先深入一家，以此作为自身根本，控制住自己，守住自我。逐渐蜕变本身就是最难做到的事!

我学习书法最快乐的事情就是看到自己以前的作品不好，一把将其撕掉，感觉很爽!

〔李云〕您的收获是什么?

〔周敬〕谈起我学习书法的收获，首先是人生更加积极了，自己的努力得到了别人的认可，自信心也得到了提升。其次就是自己沉静了许多，会很安静地去做事。最后就是学到了不少做人的道理。我一直都是将写字和做人联系在一起的，人正字正，我教学生学书法也将其作为教育目标。

〔李云〕您很早就加入中国书法家协会了，我们知道那是很难的，难到一个什么程度？当时大环境是什么情况?

〔周敬〕要加入中国书法家协会，难度是很大的。参加全国展赛是最捷径的路子，我就是因为参加国展而加入的。参加全国大赛那就是大浪淘沙，你必须要写得很精妙，技法上不能有丝毫问题，再加上作品尺幅一般很大，难度极高。每一件参赛作品都是参赛作者呕心沥血之作，创作过程很艰辛。参赛者大多是具备相当功力的作者，就这样还要百里挑一、优中选精。你的作品若写得不精，要想参加这类展赛那是绝对不可能的。

〔李云〕目前中国、四川和成都书法界的情况如何？

〔周敬〕目前整个书坛开始进入一个稳定发展时期，中国书协对全国书法创作的引导更侧重于人文修养的提升。要求书法家自身要更全面，对文字学、古文学、书法史等学科都要研究学习。这样做就是为了防止书法家成为写字匠，这是非常可喜的。我们四川的书法创作水平与西部其他省相比是强省，但与河南、山东、江浙等书法大省相比还有不小距离。成都作为省府，当然是全省的领头羊，但整个书法学习氛围还是不够浓，从书法比赛的投稿量上可以看出来。

〔李云〕您怎么看待书法这门古老的民族艺术？

〔周敬〕书法艺术和写字是不同的，写字只要求将字写得好看就行。书法艺术则要在写好字的基础上，凸显出人的情感、思想以及艺术观。它要通过点画形态、结构特征、章法布白、墨色变化等来体现人的情感、思想和艺术观。这样说下去，还要涉及哲学命题和书法与人生的问题。总之，一件真正意义上的书法艺术作品不是仅仅拿着笔写几个字那么简单。书法艺术是一门人的艺术，写书法就是学做人。

〔李云〕一幅好的书法作品必须具备哪几个要素？普通人怎么入门，怎么欣赏？

〔周敬〕一件优秀的书法作品必须具备以下几个要素：首先需要具备精彩的技法，如线条质量圆厚饱满，转折提按清楚自然，笔画形态精准到位，章法墨色自然和谐等等。其次，要处理好作品的各种矛盾关系，这就是古人常说的“势”。比如大小、粗细、疏密、斜正、开合、枯湿、浓淡等等关系，既要凸显变化对比又要和谐统一。最后，还要看整个作品所营造的艺术氛围，给我们带来的感受是雄强古拙的，还是婉约和畅的。这些是一件好作品必须具备的要素，也是我们欣赏评价一件书法作品的方法。

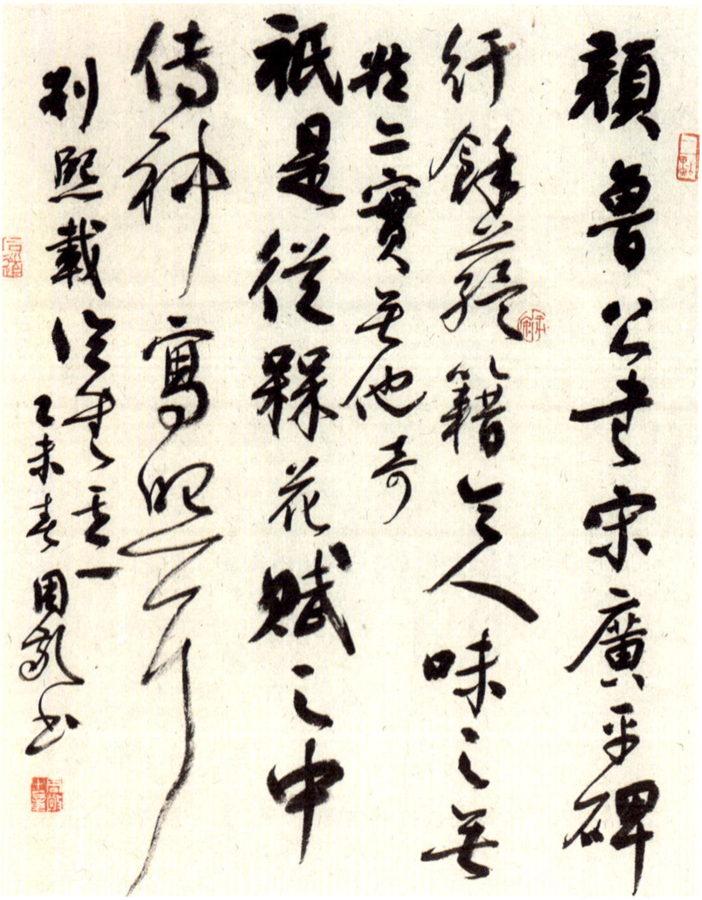

周敬作品 行书 刘熙载论书

〔李云〕您下一步打算做什么？

〔周敬〕我以后的书法理论和创作将往更深更精的方向发展。静下心来，深入分析研究颜真卿一路书法的形成和发展，并以此为本，坚守自我。先做好用最大功力打进去的问题，只要有开放的心态，在社会大环境中陶泳乎我，走出来是自然而然的。以前李可染先生说要用最大的勇气走出来，我觉得有些勉强为之。米芾一生吃着古人帖，至老方成一家，人不知其所宗，为何？它是自然走出来的，人书俱老。现在有些老先生，到了老年就开始想着自成一家一派，想尽办法变法以形成自己的强烈风格，结果大多失败，越写越糟糕，又为何？他想名垂书史，名利心占了上风，作品写得不自然，是做出来的，反而会被历史所掩埋。

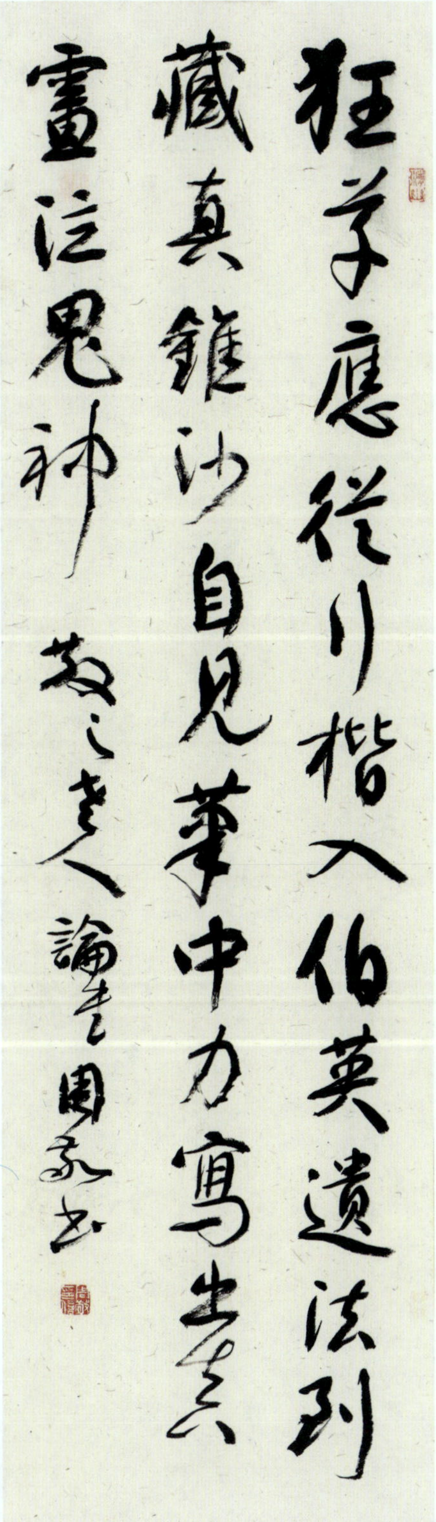

周敬作品

〔李云〕您一向勤奋学习和创作，愿您有更多更好的作品问世。

〔周敬〕感谢鼓励！

画家刘唐

【艺术简介】

山西吕梁兴县人，现居成都龙泉驿。受蒙于著名画家曹文驰先生。本科毕业于中国美术学院。硕士研究生毕业于西南大学美术学院，师从原西南大学美术学院院长陈航先生。作品多次参加全国、全省各类画展，部分作品获奖并在专业刊物上发表。

真正的艺术家要有殉道的精神

——青年画家刘唐先生访谈录

〔李云〕您是山西人，何时到龙泉驿生活定居的呢？是什么机缘使您与龙泉驿这方水土发生了联系？

〔刘唐〕我来龙泉驿定居是 2008 年。机缘的话，首先是对蜀地的人文、历史、地理、美食等等都充满了好奇。其次，来之前我有过一次入川写生的经历，对四川的山水很是喜欢。当然还有一点，我妻子是四川人。具体选择龙泉驿的原因，一方面它是正在发展的城市，二是龙泉山吸引了我。我不希望住在高楼林立的闹市，最好离山水近些，龙泉正好就是这样的地方。

〔李云〕用一个画家的眼光看，龙泉驿什么特质吸引了艺术家们的到来？换句话说，是什么让您爱上了龙泉驿？

〔刘唐〕我觉得龙泉驿吸引艺术家们到来的原因有两方面。一方面是它动静皆宜的地理位置，进退半个小时就既可享受成都市的热闹繁华，又可享受龙

刘唐作品 莫高流霞

刘唐作品 蜀西秋色

泉山的花香果甜、湖光山色。另一方面是它的包容性，比较宽松舒适的生活环境吧。这样的环境对艺术家而言最合适不过了。从我住的地方几分钟便可入山，就能坐对湖山。

〔李云〕您夫人是四川人，是您大学同学。原来您是爱上一个人进而爱上一座城。你们是一对艺术伉俪，在家切磋技艺么？

〔刘唐〕是的！哈哈哈，也可以那么理解吧。我们在家里是会互相指教的，有时希望从对方那里得到肯定，有时希望得到建议。那毕竟是最直接最真诚的吧！也算互相影响、互相促进吧！

〔李云〕你们平时的工作、生活状态是怎样的？愿意介绍一下么？

〔刘唐〕我平时的主要精力就在学习上。一般一天就是待在画室写字、画画、读书，天气好了就进山写生走走。反正一天很快的，就觉得时间不够用，想做的事太多，但也只能慢慢来了。工作方面我们主要就是带带学生，希望把自己这么多年所学的知识传授给学生，为龙泉驿培养更多的艺术人才吧，算是为中国传统文化的传承尽点力！

〔李云〕您主攻山水画，您的重要作品有哪些？

〔刘唐〕嗯，我主攻的是中国画山水专业。要说重要作品，只能说相比较有些作品较好地表达出了自己当时的想法。如《圣湖》所表现的就是自己对西藏加查拉姆拉错神湖的感受，表现了拉姆拉错那种神秘、深邃、静穆的感觉。研究生毕业展的几张作品也是费了不少精力创作的，得到了导师和一些老师的鼓励与认可，其中《莫高流霞》和《佛泽》我觉得比较重要些，在创作上一定突破与影响吧。

〔李云〕您画了一组藏区佛教圣地的山水。您对佛的认识是怎样的？

〔刘唐〕这是一个比较深奥、严肃的话题。我觉得自己现在还没资格去谈论佛本身的问题。但就佛教文化与中国画之间的联系我还是有这么几点认识。首先佛教思想对中国画的发展是有着重要影响的。佛教文化自从进入中国就与中国艺术结合，对中国艺术产生了很大的影响。其次佛教题材是中国画表现的重要对象，人物画方面受佛教影响最大。在山水画方面，佛教寺庙是中国画家非常喜欢的表现对象，翻开中国画史带有寺字的画名就很多。在现在我们世俗建筑日益同化的情况下，寺庙建筑的魅力更加吸引人，所以我也不知不觉画了一些这方面题材的作品。还有中国画史上有很多的大画家本身就是僧人，如五代时的巨然，到宋代的法常，明代释担当及清代的四僧等。还有佛家在修行方面的精神我觉得用在画国画的人身上也是非常合适的。如佛家讲“发心”，讲“明心见性”等，这些对于研究中国画的人来说同样是有启发的。总之，我觉得作为研习中国画的人来说，对佛学进行一定的研究还是非常有益的。

〔李云〕前往藏区是艰苦的，一路上您经历了什么？有什么故事与我们分享？

〔刘唐〕藏区行最难忘的是去萨迦寺和拉姆拉错的经历与感受。对萨迦寺的记忆一方面是它的景色，另一方面是遇到了惊险。由于大意了，不知道萨迦寺海拔有四千多米，到达萨迦寺那天半夜，我的导师陈航老师出现了严重的高原反应，经过一番周折找来氧气吸上后才好转。在高原上遇到这种事如果处理不当或不及时的话是有生命危险的。即便如此，第二天陈老师刚好转，就禁不住美景的诱惑，游览并收集了很多重要的资料。

这个事情对我的感触很大，觉得真正的画者是要有殉道精神的。拉姆拉错在藏族人心目中是神湖，是他们选班禅、活佛观湖的地方。据说有佛缘的人可以在此看到自己的前世。从海拔五千米的山上看下去，小小的神湖在四面高山

刘唐作品 大漠雄关

刘唐作品 四姑娘山中秋

的围簇下就像一颗蓝色宝石。静静地盯着湖面看去，让人心绪宁静，继而幻生幻灭，刹那觉得人生犹如白驹过隙，顿感悲凉。觉得为人一生短暂且不易，更该好好把握。在这里我好像突然明白了一些事情，算一次小小的顿悟吧!

〔李云〕您的收获有哪些？

〔刘唐〕总的来看这几年藏域的行走对我来说收获是巨大的。一方面使我视野更开阔了，心境也有了较大的提升。另一面使我对中国画的认识和创作也有了改变，作品比以前的大气、深厚了，在意境营造上也更有深度了。但毕竟去得还少，以后有机会还会多去的。

〔李云〕您还花时间临摹古人的山水名作，有时一幅画费时几月。这样做您不嫌烦闷吗？为什么要大量临摹而不是直接创作?

〔刘唐〕这个问题我觉得应该与中国独特的文化属性有关，中国文明之所以能一直流传不断，就是因为重视继承。无论书法还是绘画都是在继承的基础上才可能谈发展。临摹就是最直接的继承，不只是师古人之迹，最重要的是师古人之心。从临摹中学习古人作画时的状态、心境、笔墨，以及处理手法等。跟着历史上不同大家作品进入他们的世界是非常有意思的，是不会烦闷的。我认为临摹是创作的基石，对传统理解越深，创作也才会走得更远更有深度。我既反对完全像古画式的创作，也不认同丢掉笔墨精神的创新。

〔李云〕您的艺术观?

〔刘唐〕艺术观不敢提，毕竟自认还处于学习研究阶段。只能说从各位老师和前人那里接受了一些他们对中国画的理解，对自己觉得适合的进行一定的总结归纳，当作自己的追求方向吧。对中国山水画的追求，我希望自己把握好以下三方面：一是笔墨品格要高；二是意境营造要真、要新；三是画面形式要现代。

〔李云〕峨眉山、青城山是四川的名山，您都画了。您还画了不少身边的龙泉山。您对自己有何期待？

〔刘唐〕我去过不少地方写生，龙泉山是离得最近的。画龙泉山的画家挺多的，如陈子庄表现了龙泉山乡的情趣，在这个感觉上是不会有人超过他了。邱笑秋老师把握了龙泉桃花繁盛的感觉。我觉得我对龙泉山的表现还不够，最近几年一直在外面学习，画龙泉山少了，现在有时间了，可以再好好地研究研究，希望能把自己心目中的龙泉山表现得更好。要说对自己长远的期待的话，希望在不断学习、探索中进一步沉淀心灵、升华审美，精粹表现方法，找到真实的自我。期待自己的绘画作品能有大气、沉静、精深、清凉的品格。

画家 / 艺术教育家胡洋

【艺术简介】

题画名胡为量，四川简阳市人。毕业于中国美术学院国画系。中国美术学院竹林会馆副会长，四川省林业书画院副院长兼秘书长、特聘画师，四川省美术家协会会员。师从中国著名画家梁时民、王伟平、韩璐、范晓文教授。多次参加全国艺术大展及高等艺术院校邀请展，代表作有《栖息》《晨曲》《思语》《鹅趣》《荷塘秋趣》等。《荷塘秋趣》获“古蜀文脉 · 墨韵天府”优秀奖。

“我对龙泉驿情有独钟”

——青年画家、艺术教育家胡洋先生访谈录

〔李云〕您好，胡洋老师！您的作品有独特的面貌、独特的个性语言，您采用了什么特技？为什么会呈现出这样一种效果？

〔胡洋〕其实也没什么特技，我就是在学习、继承传统的同时，还要随时代的审美而动。我觉得我们不该用单一的认识方式来看待每个时代，要变换视角来承续传统的魅力。我的作品中有着传统下呈现出的古典与现代交汇的双重视像，我一直在尝试对于工笔花鸟的写意性与水墨韵味的融入。我吸收宋人严谨的工细用笔，以工谨笔法与幽谧晕染交相搭配，经营萧疏、淡远、荒寒、野趣的意境，以隐线勾勒，层层晕染，细腻而有没骨之趣。我有意识地追求古雅和清幽趣意。我的作品不会使人惊魂动魄，我希望能传达给读者如品一杯清茗一般沁人心脾的感觉！

〔李云〕您师从何人？对您的画风形成有何直接影响？

〔胡洋〕在我的学艺生涯中，对我影响很大的几位中国著名画家是中国美术学院教授、硕士研究生导师韩璐、王伟平、范晓文，南京艺术学院教授江宏伟。我美院毕业后回川又拜师于四川美协常务副主席兼秘书长、四川美术馆长馆长、著名画家梁时民先生门下。在几位先生的教导下，我不断地从前人和师长那里吸收养分，学习传统与现代审美观念与技法，使我在创作时，在图式上产生了一些新的认识。在勾填、晕染、反衬营造环节中让画面环境具有一种透气流动、自由呼吸的个性化的技法手段，使之巧妙地避开了工笔花鸟画易犯的“谨毛失貌”之弊病，让画面意境蕴含着浓郁的宋词意境。

〔李云〕听说您的学艺历程上有几次拐点，每一次都得贵人相助。您这么幸运，是基于什么原因？

〔胡洋〕我从小喜欢绘画，那时的目标就是考上美院。后来高考也如愿考上美院，但由于家庭负担太重，我决定弃学上成都打工。1997 年第一次上成都，第一次出远门，来到成都很幸运进了成都某公司，巧遇董事长有文化情结，收藏了很多古玩字画，想自己盖一座私立博物馆，因我会画画，便被安排进了公

胡洋作品

胡洋作品

司刚组建的文化艺术部。这个部门里有好几位领域的专家，我可以画画，可以学习，还有一份工资，现在想来真是很幸福的事。在这里数我最小，也是学生辈，我非常用心地跟每位老师学习画国画、裱画及古旧字画修复技术。就这样浸染在自己最喜欢的绘画里，一待就是近五年。突然有一天看到《成都商报》报道：一个五十多岁的大叔连续几年参加高考，为的就是圆自己的大学梦。这对我触动很大很深。在姐姐的鼓励下，我决定也为自己的梦想搏一次。2002 年我如愿拿到了中国美院的录取通知书。美院学费高昂，我正发愁时，公司两位老总全力支持我上大学，表态所有学费由公司承担。不仅如此，我上学后每月继续给我发工资。没有他们的资助，我就进不了美院，完不成学业。他们是我的贵人、恩人。在美院，我像海绵吸水一样吸取营养，表现优异，被选为班长。到大二时我牵头跟两位同学搞了一个工作室，一来大家有个聚会的地方，一起切磋画艺，相互促进学习；二来可以教几个学生赚取一点生活费。我们自己画画的同时迎来了第一批学生 32 人。我们非常认真负责地教授他们，取得了很好的成绩，学生考取了多所名校。一下子我们工作室的名字在杭州艺术培训界传开了。第二年莫名来了 200 多人。这些学生也是我的贵人，他们让我攫取到人生第一桶金。学生越来越多，之前的工作室已无法容下，我们又迅速扩大场地，当年学生最多时达到 600 人。回想那时真是无心插柳柳成荫啊！这期间我遇到了人生当中的第三个贵人，我皈依佛门的师父、我的四川老乡、浙江南宫禅寺的方丈——正念法师。目前我们学校的名字也是由师父所取，叫“鼎力艺术学校”。因当时我创办“乌托邦艺术工作室”共三人，师父说三足才能鼎立！

〔李云〕除了画画，您还办学？学校情况怎么样？

〔胡洋〕我们鼎力艺术学校到目前运行良好，每年也培养几百人考上各名校及大专院校。现在学校的事我几乎不管，全交给爱人在管理，她做得很好。我就一门心思绘画搞创作。绘画，才是我想要的生活，才是我的归属、我的根!

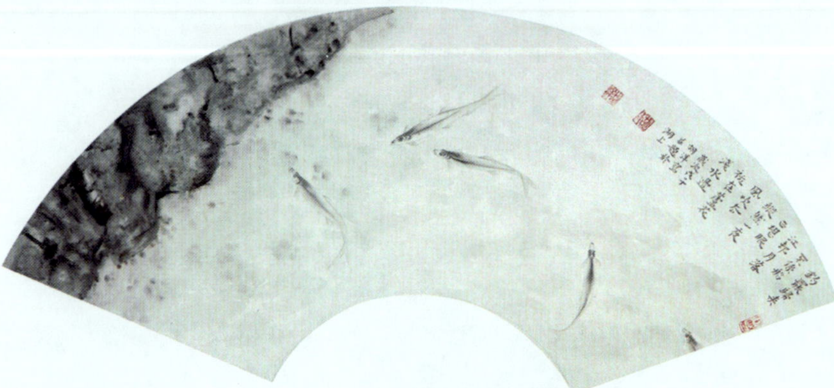

胡洋作品

〔李云〕您什么时候开始推出管理专心作画的？您的作品已两次入了国展并获奖？

〔胡洋〕是的。我的老师曾经骂过我，说我是一个画画的料，不务正业，不好好画画，跑去搞培训。其实我又何尝不想呢！老师不了解，我家里负担非常重，什么都得靠自己。我先选择创业，打下经济基础后再沉下心来一门心思搞创作！所以当学校走上正轨后，我从 2009 年开始完全放手，从学校烦琐的教学管理中抽身出来，全身心地投入到创作中去。现在我很享受这种状态，学校不用去管了。我的作品《荷塘秋趣》《栖息》在全国画展上荣获优秀奖！

胡洋作品

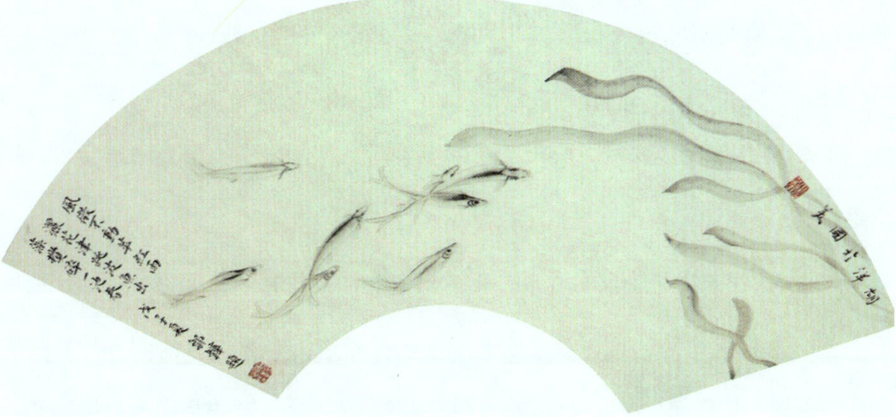

胡洋作品

〔李云〕您的夫人是——？能讲讲你们的爱情故事吗？

〔胡洋〕我的爱人是我在国美期间的同学，她是哈尔滨人，学美术教育专业的。现在我们的学校正是她的用武之地，她很能干也很辛苦，把学校管理得井井有条。是她把我从学校的事务中解放出来，让我能够专心绘画的。她当年有很好的工作，我让她辞掉跟我一起办学校，刚开始她跟着我吃了不少苦，全国各地到处跑。我们俩的爱情不像别人那样轰轰烈烈，我们一路相互鼓励、帮助，白手起家。现在我们有了两个可爱的儿子！

〔李云〕你们真是一对天作之合的伉俪。今天，国家提倡青年人创新创业，你们先行一步，走出了一条成功之路，是“双创”的典范。

〔胡洋〕前两年，我们从杭州回到成都后，发现四川整个艺术培训还有很大的空间可挖掘，加之我又拜师于梁时民先生门下学习，就与爱人商量决定搬回龙泉驿定居。龙泉驿靠山，我喜欢有山的地方；龙泉驿离我老家简阳三岔湖很近，同时又远离都市的繁华喧嚣。龙泉驿正处于飞速发展的时期，日新月异，欣欣向荣。真是好！正合我意。可以说，我对龙泉驿情有独钟！

〔李云〕请谈谈您的龙泉山、三岔湖生活。据闻，您的出生带给父母一场灾难？

〔胡洋〕三岔湖是我的故乡，我的出生地，我儿时是在那里度过的。那里的一花一木我都非常熟悉，我家的老院子还在湖边，背靠山，前面一片开阔的湖面，四周一片果园，春天时湖边一片垂柳倒影在湖面，野鸭自由自在地畅游，我就像生活在画卷中。小时候常在家门外钓鱼、摸虾，如今甚是怀念。我一直希望能在龙泉驿靠山或半山上有一块地，能自己设计建造房子作为栖息之地。我的父母现在和我们定居生活在龙泉驿，我们一家很幸福！

我父母当年为了生我，母亲身怀六甲成天东躲西藏，不敢回家，因为当时计划生育工作组要抓我母亲去做引产，不准我出生；父亲成天被工作组叫去写检讨，最后爸妈毅然坚定要我，结果父母的工作都没了，双双被下放回农村，回到我外公外婆家，就在现在的三岔湖。初回农村，一切从零开始，家里的负担很重，上有老下有小，因下面还有三个妹妹也需要抚养，一切全靠爸妈辛勤的劳作操持整个大家庭。

〔李云〕您想整合中国八大学院教授资源，把龙泉山脉打造成艺术山脉？这个构想够惊人。能否谈谈？

〔胡洋〕回到龙泉驿我感受到当地政府很重视文化，加之龙泉驿的地理优势及人文环境很好，我就在想，如果有一个组织牵头，做好推广，邀请全省乃至全国的一些知名艺术家、艺术院校毕业生来龙泉驿定居、艺术交流、采风创作，再组织本土艺术家走出去深造提升。条件成熟时，可以依托龙泉山、龙泉湖建立艺术创作基地，打造一个全国知名的，以丘陵、田园、湖泊为本底的，类似于浙江丽水的“松阳”、江西婺源的“洪村”、山东莒县的“大圭村”、河南的“郭亮村”等全国知名的乡村写生基地及画家村，在龙泉城区或龙泉山脚下，再打造一个配套画家村的艺术街区，像北京的798、杭州的A8艺术公社、南京的1865街区、南昌的791一样的艺术街区。这样不但可以很好地宣传龙泉驿，提升龙泉驿的艺术品位，还可以带动艺术产业发展，为当地老百姓增加经济收入。

〔李云〕您这个构想真好!

作家成都凸凹

【艺术简介】

本名魏平。诗人、小说家、编剧。1980年代中期步入文坛，1998年入中国作协。成都文学院终身特约作家。出版有长篇小说《甑子场》《大三线》，中短篇小说集《花儿与手枪》，诗集《桃果上的树》《蚯蚓之舞》，散文随笔集《花蕊中的古驿》《纹道》，批评札记《字篓里的词盾》等书。

“没有什么比情爱更能出小说出历史”

——著名作家成都凸凹先生访谈录

〔李云〕成都凸凹先生，2015年您的《大三线》《甑子场》两部长篇大作相继问世，引起文学界广泛关注和评论界高度好评。这是您辛勤劳作所收获的硕果，在此向你表示恭喜和祝贺!

〔成都凸凹〕谢谢! 碰巧了，两个不同时间孕育的一点不搭界的孩子，却在同一时间扎着堆出来了。

〔李云〕《甑子场》是以洛带客家古镇为生活背景的长篇小说，反映的是中国特殊时期的基层政治的复杂性或曰民间生态的混乱局面，其间过去“变天”与现实“变地”两条线穿插讲述，又掺杂了一女四男复杂的爱恋情仇，挖掘了人性的隐秘世界。我拜读完了，感觉是一部结构复杂、故事复杂、写法新颖、语言精妙的大书。这是您的精心设计创作。您在创作之先，做了什么样的准备? 为什么写这样一部书?

〔成都凸凹〕创作之先，做了一些常规的、正常的准备，也就是每一个安心写出一本好的“大部头”的小说家所必须做的那些准备。具体来说就是，萌思、谋虑、考察、访谈、资料储备消化、构思、咨询、养精蓄锐、聚集气场，等待一个灵感一起机缘一道闪电乍现。我当然等到了，那就是扣儿，“一个中年妇女的女儿”神迹般地出现。为什么写这样一部书？一、我觉得我应该写小说了，最好是写一本“大小说”，因为自认为既往的诗歌、散文写作的历练与考量统计，已不能使我满意了，我觉得我的“文学”还没有完全出来，还可以由小说这种形式拖拽出来；二、至于为什么写这样一本小说，那是因为我熟悉“龙洛镇”“甑子场”那片土地、那片土地上的一群男女，而又判断出那片土地、那群男女与那个时代的交集、纠葛聚于一甑，是可以出好小说的。既然可以出好小说，那还说什么呢，写呗。

〔李云〕小说反映了中华人民共和国成立后到“土改”前的几个月时间里的政治、国共两党、军事、特情、场镇、民间、民情、匪情，那些事情过去整整一个甲子了，要还原生活的真实，人物的一句话、一个小物件，把握起来是很难的，你是怎么做到的？写作中有遇到什么困难吗？是怎么克服的？

〔成都凸凹〕是困难。但准备充分了，即掌握了大量的历史知识，就克服了困难的一半。困难的另一半，是靠小说的艺术功能化解的。具体来讲，由于《甑子场》是讲的60多年前的故事，隔着60多年的时光，那么，这个小说就特别适合用邈远的视角、迷离氤氲的气场、似是而非的事体、时断时续的节奏等手段来呈现。而这正好解决了你说的那诸多困难，懂的就细一些深透一些，不懂的就粗一些浅表一些。再一点，只要人物性格、人物关系、事件因果等梳理清楚了，只要时代、事物、人性走向与交割的逻辑文理及逻辑数理把握到位了，不说一切都能解决，至少不会出大的问题。作为小说家，这一点很重要，它是基本点。深说下去，就涉及一位小说家的教养、天分与经验等要素了。

写作中当然遇到过困难，最大的问题是如何处理庙堂与民间的关系，以及“身体政治学”问题。因为我想借书告诉大家，没有什么比情爱更能出小说、出历史的了。还想告诉读者一些“历史的新知识”，关于历史人物、历史事象，也关于小说这门艺术。

〔李云〕小说中，有大量反映客家人生活的习俗，您了解客家人吗？专门研究过他们的文化吗？

〔成都凸凹〕算得上了解吧，否则，我怎么有能力在小说中大量反映客家人的生活习俗？我十年前出的一本书《花蕊中的古驿》就有客家的一个专章——“破译俚语识客家”，2005 年秋天与其他两位作者合出的《天下客家》大约近半本书是我写的。如果说我对客家文化有所“研究”，那么，“研究成果”也就是小说中那一点点“展呈”了。

〔李云〕小说女主人公扣儿的命运最牵动人心，她殷实的家被长工的儿子鱼儿一把火烧掉，她成为孤儿后，她的姑妈和珍联手把她送进了“火坑”——嫁给没有“枪”的蛋，过着寡妇一样的生活。扣儿遭遇的四个男人，蛋没“枪”，软弱无能；鱼儿有“枪”，是个地皮流氓无赖土匪，打着爱的旗号疯狂纠缠和掠夺她的身子；安有“枪”，这个老男人有权有势有财伺机霸占她强娶了她；禾有“枪”，扣儿和她相爱，禾却没有娶她。四个男人像四条情兽欲望蓬勃，从不同方向采取不同方式扑向扣儿，用“爱”这张牙口撕扯、啃噬着她的身心。两个女人压迫她，四个男人掠夺她。扣儿的生存环境是恶劣的。我这样理解，您同意吗？如果您是小说里四个男人中的一个，您爱扣儿吗？您将怎样去爱？

〔成都凸凹〕你对扣儿周遭四男二女的梳理很完全，但对六人的一锤定音的批语我则持有保留意见。你给出了“扣儿的生存环境是恶劣的”这一结论，

成都凸凹部分著作

并问我认同不。我的回答是，扣儿的生存环境部分是恶劣的，甚至恶劣到令人窒息、令人无法活下去，譬如与蛋家母子的关系。但部分却是安逸的，是女人，总是渴望被人渴望，总是喜欢被人喜欢，总是爱被人爱。对于部分女人甚至还算不上不是特别另类的女人来说，即使对方的渴望、喜欢、爱滴着毒汁，长着邪恶、阴谋、利益、算计、野蛮、兽性、变态，她也会知其不可为而为之，直至飞蛾扑火。扣儿是一位正常的容易被人惦记上的女人，三位男人对异性的趋近大抵也算得上正常，因此，笼统论之，我说扣儿是安逸的、命好的，是有福的。作为女人，一位带点女权色彩的知识女性，李云你不会同意我的观点，这我知道，正常了。亏你想得出，居然把俺设定成“你是小说里四个男人中的一个”，而且要俺回答“你爱扣儿吗？你将怎样去爱？”那么，我也要你回答，如果你是场镇地界上一个男人，而扣儿是大家伙儿公认的“镇花”，你爱扣儿吗？回答是毋庸置疑的。我爱扣儿——但爱，却未必要显形，又是表白，又是动作什么的。

上半身的爱，也是一种爱，像禾那样。男人是角逐型动物，同时又是遵守弱肉强食丛林法则的理性动物。作为前者，我走向扣儿；作为后者，我观察扣儿的同时考量评比敌人的强弱——爱，也得看看自个儿这副“颜色”是否扛得住啊！当你看见戴笠、郁达夫等齐齐上阵为获拥美人王映霞而厮斗时，你还会加入进去徒添笑料吗？

〔李云〕我带点女权吗？不觉得呢，可不要给我贴标签。我只是用女性的视角来打量世界、打量男人。我关注女人的命运由来已久，我希望每个女人都得到真爱，而不被丛林中窜出的男人一口吞掉，而我又无能为力。我很希望有人能回答：我们这个人的世界、人的社会，要进化多久，男人才不用下半身那么武蛮凌厉地占有女人？男人何时能用全身心慢慢欣赏女人、爱女人？这个问有点严肃，因为我内心严肃着，我替天下女人在发问。这个问是天问吗？

〔成都凸凹〕是天问。因为我回答不了。或者说我可以胡乱回答，但不愿更不敢跟你这位女性研究专家、爱情研究专家过招——我哪是对手，死定了！

〔李云〕扣儿从没有给自己的身子做过主，她多么希望能自己做一回主。她的身子被几个男人玷污了，她渴望用禾这一掬清水来洗涤、来“水洗水”而不得。那时中国社会已然解放，可女人的解放遥遥无期。时至今日，部分女性依然不能做自己身体的主，被权势和金钱做了主。你能不能预测一下，女性何时能自己做自己身子的主？女人给自己身子做主需要什么样的内部条件和外部条件？

〔成都凸凹〕“女性何时能自己做自己身子的主？”这话问得，我都有些不好意思作答了。人之所以为男人、为女人，只在于少部分生理构件不同，思维及大部分身体构件别无二致。强行进入，直至犯大事的强奸，似乎是男人的专利。扯远了，一笑。还是来正儿八经回答你的提问。问题里的“女性”太笼统宽泛了，至少应大致分成三个部分。一部分已经自己做主了，一部分至今都被别人做主着，还有一部分属于“半推半就”状态。正儿八经回答了你的提问，但这终究是隔靴搔痒，怪怪的，女人的问题咋个让俺这个男人来臆说作答呢？女人给自己做主一方面需要爹妈基因的优化植入，以及家族经济的支撑，另一方面则需要自己的多方面努力，比如教育、修养、性格、心态、个人癖好等。但这都可以叫屁话，因为女人做主身体的过程是与男人彼此认同、有效互动的过程，女人无论升腾身形还是降低姿态，总之是可以在调整彼此硬软条件中，让女人给女人做主，或曰男人被女人做主。

〔李云〕不能不探讨一下安这个老男人。他对扣儿真是用心用情了，可谓处心积虑，但依然掩饰不住他爱的实质：掠夺。他的种种行为是男人压迫和掠夺女性耍的花枪。小说中65岁的他娶了20岁的扣儿，他赢了。他真的赢了吗？他其实是输给了禾。对不对？

〔成都凸凹〕看来你李云是细读了《甑子场》的。你说安输给了禾，我理解这里有三重含义：一是，扣儿在身心完全自由的环境中，唯一爱上的男人是禾，而不是安；二是，安的胜，是禾让出的结果，这种胜之不武的胜，会让一个真正的男人一辈子如鲠在喉，不是滋味；三是，在政治与命数的较量中，在最长时间与扣儿保持一种特别关系中，在正史的描述中，安更是被禾大败，输得一塌糊涂，“遗臭万年”。但是，在更长的岁月中，扣儿最惦念最揪心的男人是与她举行过盛大婚礼的丈夫安。生活的真理是，永远不一边倒。当然，这也是小说的真理。我也有我的创作真理，那就是，永远站在弱者与失败者一边。

〔李云〕老牛吃嫩草是可以理解的一种心态、情态，可以拿恋爱自由、婚姻自由来说事，来自欺欺人，来自取其辱。人性永远是爱嫩的，这不分性别，是不是？老牛站在老牛的立场思想，是不是也该站在嫩草的立场想想呢？嫩草愿意在自己很嫩的时候就被吃掉吗？《甑子场》中，安是老牛，扣儿是嫩草。

〔成都凸凹〕你说的嫩一定不是无限度的嫩，否则就成“恋童癖”了。我明白，你说的是成年的嫩，或嫩的成年人。广义言之，“人性永远是爱嫩的，这不分性别”，这话基本正确，除了可憎的弃婴的人。在弃婴这一点上，萧红也是可憎的。只要不是傻蛋老牛，都会站在嫩草的立场想的。事实上，能吃上嫩草的老牛怎么可能是傻蛋呢？更多一些的老牛心知肚明，嫩草不愿意在自己很嫩的时候就被老牛吃掉，但嫩草愿意在自己很嫩的时候就被自己这样的老牛吃掉。更少一些的老牛想的是，你心里愿不愿意我不管，你的行动愿意就行了。换位思考后的结果是，老牛不改前愿，吃了嫩草。

至于为什么会发生老牛吃嫩草这样的情况，大致不外乎三种可能 一是身体、情欲、精神、财物、名分、血统等的利益交换与权衡，再是真正的纯粹的爱情，最后是胁迫下的结果。人上一百，形形色色。男女之间的是非与勾当，不能一概而论、非此即彼。它的不符合常理，都是常理。李云，你就高抬贵手，什么也不问，放他们去吧。

〔李云〕你的小说总让我联想到今天的政治生态、社会生态、男人女人生态，有很强的现实意义。

〔成都凸凹〕如果我笔下的历史对现实没有反照、通气、牵扯、勾连和启示，它就是无效、无意义、无价值的。就“性爱”这一点上，我以为向荣教授的解读或许会帮助我回答你提出的诸多问题：“《甑子场》讲述了一个美丽女人与四个男人之间的恩怨情仇的故事，核心是性爱。四个社会身份迥异的男人在大致相同的历史时期爱上了女人扣儿。其中任何一个男人与她的情爱关系都呈现出一种奇特吊诡的纠缠关系，从头缠到尾，一直缠到死。只有死亡最终消弭和结束了此种纠缠关系。在四种繁复迷离的纠缠关系中，蕴含着建构男女关系的多种生理的、经济的、权力的和阶级的元素。作者再把其间种种男女纠缠关系放进社会变革和历史转折的重大阶段，从而使他们之间的情爱故事演绎得波澜起伏，获得了一种历史的传奇性，男女情爱也因此被赋予了历史的规定性和局限性。作者无疑真实地书写了男女情爱被历史所制约的种种规定性，比如:政治的、经济的、生理的、阶级的种种历史规定性。但作者面对历史规定性的那种宿命般的困境时，仍然还是要寻找男女情爱突破和超越历史规定性的那种可能性。作者在呈现了男女情爱中人性或阴暗或明亮的多元性后，他还是最终彰显了爱情超越历史的可能性，表征着男女情爱虽然无法摆脱历史的制约，但只要执着坚持，只要纠缠到底，爱情的力量就会跨越历史与政治的羁绊，走向永远。从这个意义上说，《甑子场》是一部爱情至上主义的小说。”

〔李云〕对，我就是把它当作一部情爱小说来读的，因为我跟扣儿一样不懂政治也不想懂政治。我只想懂多一点爱情。先前说到了《甑子场》的复杂，我所说的复杂，是指小说创作的难度。莫言给优秀长篇小说的定义是：要有足够的长度、深度、广度。《甑子场》符合这三点。无论从篇幅、题材、故事、结构、人物、语言哪个角度说，都是复杂的，你写起来很考手艺，读者要真正读懂也很受考验。它是一本大书，给读者提供的信息量足够大，要完成这样一部足以奠定你文学地位的鸿篇巨制，是相当不容易的，一般作家很难驾驭得住。在此，我要说一声，你是与当代四川优秀小说家阿来、麦家、罗伟章等量齐观的、同样成功的一位。我除了赞美你这部小说，还要赞美你这个作者。

《甑子场》《大三线》出版发行后，引发了强烈的社会反响。目前两部小说的命运如何?

〔成都凸凹〕《甑子场》出版后旋即被《长篇小说选刊》头条选载。《甑子场》《大三线》双双成为第九届茅盾文学奖参评入围作品，双双再版。之后，《大三线》又先后获《成都商报》第二届读者口碑榜中国文艺年度图书奖、第一届浩然文学奖。我认为，作品写好后作家的使命就完成了，作品自此开始了它们自己的命运。《甑子场》《大三线》也有它们自己的命运，而这个命运，我不能知，更无所作为。

作家罗伟章先生

【艺术简介】

生于四川省宣汉县，1989 年毕业于重庆师范大学中文系，现居成都。巴金文学院专业作家、中国作家协会会员。著有长篇小说《饥饿百年》《不必惊讶》《磨尖掐尖》《大河之舞》《太阳底下》《空白之页》，中篇小说集《我们的成长》《奸细》《白云青草间的痛》，散文随笔集《把时光揭开》。曾获人民文学奖、十月文学奖、小说月报百花奖、全国读者最喜爱小说奖、华文最佳散文奖等，多部长篇被列入“茅盾文学奖”候选篇目。部分作品被译介到英、韩等国。

文学有理想吗?

——著名小说家罗伟章先生访谈录

〔李云〕您好，罗伟章先生！印象中您是第二次到龙泉驿来了，这次还驻扎在巴金文学院潜心创作一个月，并走访了洛带客家古镇。您对龙泉驿的总体印象如何?

〔罗伟章〕安静。尽管这里跟其他任何城市一样，车水马龙，却给我安静内敛的感觉。某些地方有物理上的安静，却鼓动着内心的喧嚣。龙泉驿相反，这让我喜欢。

〔李云〕您每次到龙泉驿来，龙泉驿本土作家都很受鼓舞，我本人则一是崇拜您、仰慕您在文学事业上所取得的成就，二是觉得您一直不为稿费写作，是一个中国当下少有的有文学理想的人。文学有理想吗？您的文学理想是什么？您的创作遵循什么原则？您内心有一个创作基地吗？

〔罗伟章〕有文学理想的人我相信还是很多的，有时候，我会偶然读到一篇小说、一首诗歌，即刻为作者纯粹的文学追求所感动。那些作者不一定很有名，他们潜伏于水面之下，静悄悄地，又格外坚实地存在着。

不过要说明什么是文学理想，很难，以鲁迅为代表的那批经典作家，奉行文学为社会、为人生；特别是鲁迅，他走上文学道路的历程，本身就是对他文学精神的阐释。我崇尚那样的精神和理想，这决定了我的写作是“介入”型的，为社会谈不上，但一定是为人生。我发现，当自己在某一阶段是个理想清晰而坚定的人，那一阶段写出的作品，质量就会高些，即使别人不承认那些作品比你其他时段写得更好，你自己一定知道是更好的。所以要随时擦亮自己，海明威也才因此要求作家要“日日面对永恒”。

内心的创作基地当然有，不过这当中有个问题，那个基地在起着变化，它可能在变化中孤立你、遗弃你，特别是在变化中蚕食掉你的感觉。你会突然觉得你空了。不是题材的空（题材只会越来越丰富），而是感觉的空。随之而来的是激情的空。这是一个巨大的危机、要命的危机。如何越过这道危机，我觉得不只是考验着我。

我也并非不为稿费写作，我只是不把挣稿费当成第一目标。有种说法我很认同，就是中国文化过分强调灵，把灵从肉体中抽取出来，且放大为不含一丝阴影的理想人格，如此，本该作为现实参照系的理想，却用作测重器去称量世间的一切，这种理想的实质，不是生命的充实，而是生命的匮乏；不是人的自我超越和完成，而是自我超越和完成的不可能。又说到文学理想，为社会也罢，为人生也罢，都不能再像鲁迅他们那个时代的作家，认为自己代表着社会的良心，掌握着权威话语，要去对人生启蒙。为人生的前提和本质，是尊重人生。

〔李云〕我们知道您出版了《饥饿百年》《太阳底下》等几部长篇小说，发表了《奸细》《窖门》等数十部中篇小说，影响很大很广，获得了很多文学奖项。

请谈谈您对最满意的一部作品的创作体会，同时请谈谈对龙泉驿作家与文学有怎样的印象。您想对龙泉驿本土作家说点什么？

〔罗伟章〕我不好说哪部作品是自己最满意的，我说了这一部，那一部就会委屈。大体而论，我还没怎么乱写过。乱写的意思是，有点啥就写点啥，缺乏一以贯之的想法，即以文学立心的想法；乱写的意思还包括，奔着钱去写，为发表和引起关注去写。这样的事我大体上没有干过，所以不好取舍自己的作品。倒是可以说说最满意的创作状态，那是内心体验最为丰沛的时候，内心体验的多寡，决定着想象力的强弱。能体验的，倒不一定是已经体验过的，但它肯定跟已经体验过的有某种契合。在我这里，写作是对经验的虚构式回忆而不是凭空虚构。我认为缺乏内心体验的想象，再天花乱坠，也是天生贫血，是廉价想象。

龙泉驿的作家和文学，当然是很厉害的了，我所认识的，像成都凸凹、刘晓双、印子君和你，都很厉害。我想说的是，我到龙泉找你们喝酒，你们到成都找我喝酒。

〔李云〕我个人觉得您有两个过人之处，很有兴趣了解。一是您有一个苦难的童年，因饥饿因母亲早逝，您甚至比一般苦难的孩子品尝到的苦难更甚。可您依然顽强地成了一名优秀作家。您曾说苦难需要点亮，不然会一直在黑暗中。那么是什么人什么事点亮了您的苦难？您认为成为作家的因素主要有哪些？

〔罗伟章〕小时候特别敏感，因自己家境坏，就尤其敏感，别人欺负我，我就想反抗，而我深知自己无力反抗，于是梦想将来成个大力士，成个以叶当刀的武者，把欺负过我和我家人的家伙，都打一顿。结果是没成那样的人，而是按部就班地读着书。点亮黑暗的，也正是书。当年我二哥喜欢读书，记得有於梨华的、巴金的，还有一些明清演义，我会拿过来看，那些书（特别是巴金的《寒夜》）告诉我，世间还有别样的苦难，我的那点算不了什么。陀思妥耶夫斯基曾说，他之所以要成为好作家，是为了不辜负自己经历的苦难。与他经

罗伟章部分作品

历的苦难相比，一般人，比如我，根本就没有资格说那话。因为家里人都要我考大学，不让读课外书，所以我读得极其有限。到大学里接触得多一些，现在想来还是读得太少，实在太少。大学的好处是让我懂得了“人世间”这样一个概念，另外就是让我明白自己应该成为怎样的人。

成为作家的因素，我不知道，因为每说出一点，都可能遭遇反证。但我想，执着地侦察人生的困境，对生命的敬意，与万物荣辱与共的情怀，还有对经典的阅读，至少是需要的。

〔李云〕二是您和您的夫人都辞职，成为靠稿费养家糊口的人，这种生存的压力无疑是巨大的，是一般人无法承受之重。难道您不是一般人？你们是怎样扛过来的？其中经历了什么样的内心磨难？您不顾现实固执地追求文学理想，您的家人对您的创作有何影响？

〔罗伟章〕辞职就是因为想写。读大学时就想写，也在当时的《山花》《青年作家》等发过一些短篇小说。但大学毕业后，先教书，再去报社，工作之余，吃喝玩乐，除业务上要写的字，别的字是一个也不写了。这样晃眼间就混了11年。2000年8月底的某个中午，我一个人待在报社，猛然间发现我都是三十几的人了，再不写我就老了，于是当即写了辞职书，第二天就走人。并不是说不辞职就不能写，我是想彻底斩断我熟悉了的环境和气场。说到现实，每个人都有自己内心的现实，我首先要照顾的是我内心的现实，别的现实只能靠后。家人对我的最大影响和支持，是纵容我的胡闹，并跟我一起胡闹，一起扛过艰难岁月。

〔李云〕您的重要作品我都拜读了。您在多部作品中都细致入微地描写了人性的残忍、暴戾、恶毒等等，这些可能是生活真实的一面，但您那样进行艺术真实地创作，是什么目的？在这样写的过程中您有没有生理反应？有何生理反应？您获得了快感？您是不是也有某种变态？

〔罗伟章〕哈哈，说得好。我的问题不是变态，是变态得不够。我应该成为一个深渊才好。但那需要了不起的才华，凡是成为深渊的作家，比如前面说到的鲁迅、陀思妥耶夫斯基，都有了不起的才华。所以不是谁想成为深渊都能成。深渊的表面，冰凉地映照着世界，内部却是温暖的。人真是可以改变或者说改良的吗？这是我经常想的事，我以前觉得可以，现在越来越趋向于否定。那么文学的意义何在？别人读你的作品，如果仅仅是想看一个好看的故事，不如看新闻，新闻故事更好看，一个显明的事实是，现实的离奇和荒诞，已经在想象的边界之外。如果读你的作品，仅仅是品味文字的美妙，这样的读者又有几个？如果读你的作品，是为了撑开自己的胸怀，寻求遥远的光明和人生的真谛，这样的读者还有吗？——但文学依然有它的意义在，那就是：在对“这样”的世界的书写中，瞭望“那样”的世界。作家在认识自己的过程中，塑造自己的面貌。

这种自我认知、自我塑造和因为对人生的不满意，从而探究根源，瞭望远处，其实是人人都需要的，也是人人都有的。别以为现实的离奇和荒诞真的超越了文学的想象，真正有价值的想象呈现在完整的建构中，是作家精神内部环环相扣的感觉，是彼此对立又彼此呼应的“咬劲儿”；你以古怪的方式杀了人，骗了保险金，或者编了两个好玩的段子，怎么也无法替代更无法超越作家的想象。

〔李云〕无论怎样，您都是我们喜欢的作家。谢谢您!

〔罗伟章〕也谢谢您!

诗人印子君

【艺术简介】

1967 年 7 月生于四川富顺县。龙泉驿区作家协会副主席、富顺县作家协会顾问。作品散见于《诗刊》《星星》《北京文学》《四川文学》《诗歌报》《作家文摘》等。有诗歌入选《中国年度最佳诗歌》《中国年度诗歌精选》《中国诗歌排行榜》《中国·星星50年诗选》等。曾获第十届四川日报文学奖、第二届天府文学奖、第二十二届全国鲁藜诗歌奖、四川省首届农民工原创文艺大赛诗歌一等奖和成都商报头条诗人奖等。出版诗集《灵魂空间》《夜色复调》。

写诗是对伤痛心灵的抚慰

——青年诗人印子君先生访谈录

〔李云〕您的诗歌明白易懂，不高深，不做作，亦没有生僻字，意义也不艰深晦涩，几乎是大白话，可谓晓畅亲民，而且还机趣幽默，充满生活的烟火味儿。这是您的个人风格？您是怎么做到的？

〔印子君〕的确，我的诗歌大部分都明白易懂，基本没有阅读障碍。但您说我诗作几乎都是大白话，估计也是您接触的那部分吧。其实，我也有为数不少的作品不那么大白话。当然，大白话并不等于口水话，任何诗性的话语都是经过情感的浸淫并反复过滤后留下的精髓。诗歌可以明白易懂，但不能一览无余，诗意的东西都需要回味、需要咀嚼、需要领悟，它的内涵往往不是字面上那层表浅的意思，而是藏在语言背后的，并且无限丰富，语言只是诗意的载体。因此，诗歌对读者是有选择和要求的，是很挑剔的，换言之，一个人要成为合格的诗歌读者并非易事，你必须具备相当的知识修养才行。从这个意义上讲，一首人人都读得懂的诗，很难说是“好诗”，因而十分可疑。

在文学QQ群里跟人交流时，我曾说，诗歌好比宝石，其自身特性就决定了它是“稀有的”，不可能人人都能拥有。人人都能拥有，它还是宝石吗？顶多是赝品。因此，诗歌的“珍贵”首先在于它是“稀有的”。

我的一些诗作，机趣幽默，给不少朋友留下较深印象。但这些手法必须运用得当，才能增加诗意效果，否则会适得其反。而这些风格的形成，当然是自身个性使然。

〔李云〕就我所知，您是有一帮喜欢您诗歌的粉丝的，为什么您还那么低调？为什么不高调一下呢？

〔印子君〕很荣幸，我的诗歌能受到部分朋友的喜欢，他们对我作品的认可是对我本人莫大的鼓励，也成为我创作的力量和源泉。我深知自己做得非常不够，身边比我优秀的诗人很多，他们都是我学习的榜样，我哪有资格高调!

〔李云〕您为人总是这么稳重，难道一个诗人不可以偶尔猖狂猖狂？比如语言出轨、行为出轨什么的?

〔印子君〕记得河北诗人郁葱说过 做人要低调,写诗要张扬,编诗要包容。我再补充一句: 处世要规矩。做人要中规中矩，创作要“不讲规矩”。中规中矩的作品，往往是平庸的，不可能成为杰出的作品。创作创作，既重在“创”，又重在“作”。因此，为人不能“出轨”，创作需要大胆“出轨”！

〔李云〕每次见您都是那么理性，哪怕喝了酒说话都滴水不漏，真是诗人中少见的。

〔印子君〕理性做人，感性作文。即使喝了酒，可不是有“酒醉心明白”一说吗？喝了酒也不该胡言乱语，也不能酒话连篇、疯癫失态。两杯酒下肚，就管不住嘴，就张牙舞爪起来，就二加二等于多少都不清楚了，那可真要误事。

〔李云〕您是富顺人，写过一组富顺豆花诗，叫《富顺豆花十三屏》，感觉把豆花的“滋味”写穷尽了，别人无法再写了。请您谈谈这组诗的创作过程。

〔印子君〕我的家乡富顺，以豆花闻名遐迩，富顺豆花是巴蜀名小吃之一。目前，富顺的城市宣传语是“千年古县，才子之乡，豆花之城”。可见，富顺豆花在富顺的地位和富顺人心目中的分量。富顺因盐设县，而豆花的诞生又跟盐业相关，其发展一直伴随着富顺这座古城的历史足迹。对于很多人来说，一提到富顺，就会想到豆花，豆花已是富顺的化身，已成为一张响当当的名片。身为富顺人，尤其是作为一名富顺籍诗人，我以诗歌的形式表达对富顺的情感，那自然是顺理成章的事，而富顺豆花正好成了我表达的最好最恰切的载体。

写富顺豆花诗，这想法由来已久，其灵感的到来似乎很偶然，却又是必然。那是在2015年10月初的那个黄金周回乡度假时，刚开始写了一首《富顺》发在微信朋友圈，受到不少诗友的点赞，这时，雅安天全诗人何文留言：“你为何不为富顺豆花写点诗呢？”是啊，我怎么不写写富顺豆花呢？这想法在心里可不是一天两天了，早就有这个打算的啊。这下可好，经他一点，有关豆花诗的感觉便接踵而至了，一首又一首富顺豆花诗就像一根根春笋，直往上顶，纷纷顶破了覆盖着的那层薄薄的土冒了出来，那几天，我把一首首新写的豆花诗以“连载”的形式贴进微信朋友圈，引来一阵阵喝彩，师友们的鼓励和肯定又同时转化为促进我推动我继续写的“催化剂”，即使七天黄金周结束了，我的豆花诗却收不住脚，还在往前迈。大概到2015年10月底和11月初，我经过后期打磨或冷处理后的十三首富顺豆花诗就定型了，便取了一个总标题《富顺豆花十三屏》，后配上文友们的评论在微信公众平台和相关报刊先后发表，引起读者强烈反响。因为这个原因，我还收获了一个“豆花诗人”的雅号。

印子君部分作品

其实，一个人对家乡的热爱，并不是空洞的、抽象的，往往是朴实的、本真的，要具体到某一些人事和风物上。我想，我对豆花的情感，凝结着的就是乡情和亲情，这种情怀必将伴随一生，也会变得愈加浓烈。虽然，豆花并不是富顺才出产，其他地方也在出产，且都有自己的特色，可作为富顺人，富顺豆花在我心里，是其他任何地方的豆花都无法替代的。因而，富顺豆花在我心里就是最美的、最地道的，也最难以割舍，一如我的父亲母亲和兄弟姊妹。这种情感，就是血浓于水的情感，是与生俱来、植入了基因的情感。富顺是我的出生地，也是我的出发地，是我漫长人生之旅的起点站，因此，我吟咏富顺豆花，就是吟咏我的故园、家山和亲人，就是在吟咏我的幼年、童年、少年和青年时代，就是在用诗歌这一最能表达心灵共振和情愫氤氲的文体，向我的胞衣之地富顺致敬！从这一角度讲，我要感谢诗歌，感谢这一最古老而又最现代的文体与我心心相印，让我有机会选择一种最为贴切的方式呈现我的悠悠乡愁！

〔李云〕能分享其中的一部分么？

〔印子君〕我写的《富顺豆花十三屏》里，其中有一首四行的短诗，颇受朋友们喜欢：

见了豆花，
我才知道自己是豆渣；
吃了豆花，
我才知道自己是人渣；
只有回到魂牵梦绕的富顺，
我才明白如何做干净的人。

〔李云〕这些诗歌的创作跟您一路走来的心路历程分不开。您曾是打工诗人，可谁不打工呢？打工一般都忙而累，您怎么还有雅兴写诗？

〔印子君〕我这打工者，可是名副其实的，不能跟你所说的“打工”者类比。我是上世纪80年代末进城务工的农民工，在内地，恐怕我算是最早那批进城的务工者。先在县城工厂打工，后来又去北京亚运村的一家餐馆打工，一干就是五年。五年的北京打工生活，因为写诗，曾以“民工诗人”和“打工诗人”被《光明日报》《生活时报》和北京电视台等多家媒体报道。离开北京后，来到了成都，跟以前不同的是，到成都后一直在传媒部门从事文字工作。的确，打工生活比较劳累，也比较枯燥，业余时间读书和写作，也算是一种很好的自我调节方式，正如别人业余打打麻将、跳跳坝坝舞。对写作（主要是诗歌）的爱好起自中学时代，到现在已有 30 多年，我想这一爱好定会伴我终生。

〔李云〕您受哪些诗人的影响最大?

〔印子君〕在诗歌创作中，对我有影响的诗人很多，而影响最大的主要有两个人: 一个是山东诗人丁庆友，正是那篇写他的励志文章《从卖油郎到诗人》，把还在读高二的我引上了诗歌创作之路; 一个是诗人张新泉，我的整个创作风格都深受新泉先生的影响，这当中除了有同乡的缘分外，最关键是其诗歌的气息和脉动都跟我极为契合，让我诗歌创作找到了“根”，寻到了“源”。此外，吉狄马加、叶延滨、欧阳江河、李亚伟、靳晓静和特朗斯特罗姆、曼德尔施塔姆、叶芝、里尔克等等诗人对我都有不同程度的影响。

〔李云〕听说您幼年失母，母爱缺位。这对一个诗人敏感的心灵来说，是桩大遗憾和大痛彻。您怎么排解掉生命中的缺陷?

〔印子君〕我 5 岁时母亲病逝，这对于一个幼年的孩子来说，肯定是大不幸。母爱缺位，无法弥补。所幸的是，我身边还有一位慈爱的祖母，母亲去世后，所有家务活都落在了年迈的祖母肩上，包括照顾我和妹妹，而父亲主要精力用在外头田地的耕种。由于父亲没有续娶，家里很长一段时间都是四个人三辈人坐在一张四方桌上用餐，彼时彼景，至今回想起来既有些悲凉又有些温馨。可如今，祖母、父亲都已先后过世，妹妹和我都有了自己的家，那样的时光那样的岁月再也无法倒回去了。而这种生命中的缺陷和痛彻，肯定是无法排解的，写诗姑且算是一种对伤痛心灵的抚慰吧。

〔李云〕我很想和您探讨几个问题: 一是诗人和酒的关系; 二是诗人和女人的关系; 三是诗人和社会的关系。

〔印子君〕诗人和酒的关系，有时是夫妻关系，有时是情人关系，重在彼此默契，贵在相互怜惜；诗人和女人的关系，就是酒和水的关系，酒水调和适度，才称得上美酒，二者不可偏废；诗人和社会的关系，就是上帝和人类的关系，上帝秉承天意，人类要知道敬畏。

〔李云〕请您用一首诗结束我们的访谈，谢谢。

〔印子君〕即兴一首短诗《回答》：

我所有走过的地方，
都成为我的故乡。
我不敢回头张望，
怕看见形销骨立的娘。

作家英布草心

【艺术简介】

彝族，汉名熊理博。中国作家协会会员、四川省作家协会会员、巴金文学院签约作家。先后在《芳草》《民族文学》《西藏文学》《星星》《草原》等文学刊物发表文学作品，著有长篇小说《玛庵梦》《虚野》《大者》，诗集《爱的音律》等。长篇小说《玛庵梦》获凉山州第五届“五个一”工程奖，并入围第九届茅盾文学奖，长篇小说《虚野》获第六届四川少数民族文学奖。

彝族雄鹰

——彝族青年作家英布草心先生访谈录

面前的彝族青年作家英布草心（汉名熊理博），壮实、俊朗、黝黑，是个健康到性感乍泄的、典型的彝族汉子。他有几分腼腆、沉默，可眉宇间却不经意露出机敏和灵气。看得出他是个做什么都胸有成竹的家伙。他沉默的时候其实是在思考。他喜欢音乐，但更善于用文字讲故事。

——采访小记

〔李云〕您好，英布草心！您的彝族姓名翻译成汉语是什么？有什么含义？您的汉名熊理博也很好听。

〔英布草心〕您好！关于“英布草心”这个名字，其实是两个名字，在彝人居住的高寒山区，每一个孩子都有两个名字，我的名字可以是“英布”，也可以是“草心”。“英布”这个词在彝语里是“安心静睡”的意思，父母给我取这个名字，可能希望我在成长的路上能吃能睡健健康康吧！“草心”这个词在彝语里是“贤达和善”的意思，这个名字差不多是父母对一个孩子未来的期许。“英布”和“草心”连在一起喊，就把愿望与期许全糅合在里面了。所以在高寒彝区，当你真诚地喊出了一个人的名字，其实已经送出了深深的祝福。当然，时不时相聚的文友们对我这个名字倒是有另一种解释，他们说“英布草心”就是“一点都不用操心”的意思，我个人觉得从发音上这样解释也没有错。总体来说，只要有个名字，时不时有人喊，我就高兴，包括汉名熊理博。

〔李云〕您是彝族毕摩的后代。毕摩，很陌生呢，能给读者介绍一下吗？

〔英布草心〕毕摩是彝语音译，“毕”为“念经”之意，“摩”为“有知识的长者”。是一种专门替人礼赞、祈祷、祭祀的祭司。毕摩神通广大、学识渊博，主要职能有作毕、司祭、行医、占卜等活动。其文化职能是整理、规范、传授彝族文字，撰写和传抄包括宗教、哲学、伦理、历史、天文、医药、农药、工艺、礼俗、文字等典籍。毕摩在彝族人的生育、婚丧、疾病、节日、出猎、

英布草心部分作品

播种等世俗事务中起主要作用，毕摩既掌管神权，又把握文化，既司通神鬼，又指导着人事。在彝族人民的心目中，毕摩是整个彝族社会中的知识分子，是彝族文化的维护者和传播者。彝族是一个多样崇拜的民族，归纳起来有祖灵崇拜、自然崇拜、家神崇拜三大类。在彝族人民长期的生产生活中形成了三观，即三界观（天界、地界、地下界）、万物有灵观、万物雌雄观。彝族根深蒂固的认识和观念，构成了彝族博大精深的核心文化——毕摩文化。

〔李云〕哦，听您介绍，真长知识了。您从您的民族和家族先辈那里接受了什么样的文学影响?

〔英布草心〕彝族民间文学遗产极其丰富，流传在云南彝族地区的《梅葛》《阿细的先基》《查姆》《阿鲁举热》和四川大凉山彝族地区的《勒俄特依》是创世神话的代表作。其中《梅葛》包括了“创世”“造物”“婚事和恋歌”“丧葬”四部分；《阿细的先基》包括“最古的时候”“男女说合成一家”两大部分；《查姆》为上下两部，上部记叙天地、日月、人类起源，下部记叙农作物、工具、医药、纸笔和人名地名的来源；《勒俄特依》全诗共11部分，除系统叙述天地、人类万物及民族起源外，还着重叙述了支格阿龙的英雄事迹。《阿鲁举热》是《勒俄特依》的另一变体流传本，它的基本内容与《勒俄特依》第7章“支格阿龙谱系”、第8章“射日射月”相似。我出生在四川大凉山，《勒俄特依》对我影响相对较大。另外，民间叙事长诗在彝族文学中占有很大比重。它的题材广泛、情节完整，少则几百行，多则几千行，表现了彝族人民的社会生活和他们的思想感情与愿望。已收集整理出版的有《阿诗玛》《逃婚的姑娘》《逃到甜蜜的地方》《我的幺表妹》《妈妈的女儿》《赛玻嫫》《白蛍尼和白拍蒙》等。这些长诗多与爱情生活有关，或赞美青年男女反抗恶势力的斗争精神，或揭露买卖婚姻制度的罪恶，或诉说自身的不幸，表达对幸福生活的追求和向往。有些长诗记叙了彝族独特的婚姻习俗，表现了彝族人民的民族心理。以上这些我从小耳濡目染，在我的世界里根深蒂固，对我的文学创作有着深远的影响是毫无疑问的。

〔李云〕在您的文学创作道路上，还遇到了什么样的高人、贵人？给您什么样的影响？他们都是谁？

〔英布草心〕开始我是用彝语进行文学创作的。我当时就读的那所学校叫四川省彝文校，是一所母语文化气息相当浓厚的学校。我在这样的环境里读书，难免不受到影响。我在那里读到《冬天的河流》《虎迹》《情系山寨》《滚动的情韵》《山魂》《荞花魂》《根与花》《嫂子》等彝文作品集。当我熟读了这些彝文作品后，不知不觉便走上了母语文学创作道路。我们知道，文学是表达人类喜怒哀乐的手段之一。当时，我用熟知的母语倾诉着自己的梦想与爱，在《凉山文学》彝文版、《凉山日报》彝文版副刊上不停地发表文章。2005年的夏天，我在美姑毕摩文化节上认识了母语诗人阿库乌雾，在美姑县城的一座茶楼里，他给我讲了生命里十分重要的一课。他从母语文学现状谈起，谈到了当今世界文坛走势。我从美姑回来后，对彝族文学和彝族文化有了新的认识。我深入到彝族群众中，花了将近一年半的时间，整理了许多民间故事和民歌，还花了大量时间去重新阅读了《尘埃落定》《白鹿原》《天行者》《百年孤独》《简·爱》《呼啸山庄》等文学经典。如果一个人喜欢文学创作非要找出一条理由，那么，我可以肯定地说，是爱。我每次回到故乡，望着白云深处一道道迷人的山冈、一条条曲折的山路，总觉得那些在这块熟悉的黑土地上相继死去的亲人们，仿佛用另一种方式，与子孙后辈们一起健康地生活着。在不远处的山野里，那些逐渐模糊了的面孔会慢慢变得清晰。那时候，在我的心里面，是一种温暖而又疼痛的无法用言语表达的感触。在文学创作道路上，真诚帮助过我的高人、贵人很多，在这里就不一一点出大名了，因为害怕点漏人。只要我心存感恩，不断写出好作品，这些帮助过我的高人、贵人是会高兴的，至少比一句空洞的感谢或请喝一顿好酒要高兴得多。

〔李云〕这些影响当然很重要，更重要的是您自身的天赋和勤奋。您现在正在创作什么新作？听说最近还要接二连三出版好几本书？

〔英布草心〕刚写完一部叫《不存在的人》的小说，当我讲起这部小说，其实根本不知道自己讲了一个什么故事。也许有一天，我不需要讲一个故事，但朴实的人类一直在听一个故事，或者不需要听一个故事，但知道有无数个故事排着队一路走出来。生活是平庸的，无论人类怎样努力都难以改变其根本与归处。一次次没有止境的奋斗中，人类看到了一丝小小的光明，但只是看到，且闪烁不定。人类随时看到的，是一场场人为的洪水从来处来到去处去，摇动土黄色的身躯，让自己固有的浑浊不堪冲击生命的摇摆不停。人类总是知道这样不好那样不好，但不知道该怎样才好。我这样说，其实想说自己写了一部很好玩的小说。当然，到底怎样好玩，为什么好玩，只有送到读者面前才知道效果。最近，四川人民出版社准备推出我的三部长篇小说：《第三世界》《虚野》《大者》，也就是“彝人三部曲”，今年火把节第一部曲《第三世界》面世，许多读者已经读到。很久了，也许几十年了，或者上百年了，彝族人民需要一部好的长篇小说，如果没有人去写，但愿我是这部小说的作者吧。

〔李云〕先恭喜和祝贺您！这么勤奋地创作，创作出这么多作品，您年纪轻轻就成为中国作协会员，是巴金文学院签约作家、鲁迅文学院学员，并已出版了长篇小说《天堂悠云》《玛庵梦》《阿了》《第三世界》《虚野》《大者》和诗集《孩子的忧伤》《爱的音律》。《玛庵梦》获凉山州“五个一”工程奖并入围第九届茅盾文学奖，在四川彝族文学史上具有里程碑的意义；《虚野》

获第六届四川民族文学奖；《第三世界》入选中国作协2016年度少数民族作家重点作品扶持；您有些作品还被译介到了国外……这么多荣誉桂冠，是不是有雄鹰翱翔天空翩翩飞的感觉？

〔英布草心〕我曾经说过这样一句话：因为相信，文学的枝Y上总能挂满温暖的果实。我这样说，首先是一个信心与恒心的问题。平时，我们常听一些外行的专家学者高谈阔论，越是民族的，就越是世界的。于我而言，这句话是错一半对一半的。我们彝族当代小说的发展，就是从20世纪五六十年代云南的李乔、普飞开始的，后来四川凉山的阿凉子者、马德清、杨阿洛、时长日黑、贾瓦盘加、巴久乌嘎等先后走了出来。他们的作品民族性很强，都是原汁原味的彝族生活题材与人生信仰。他们的作品是成功的，于中国来说具有一定的影响力的。要说我们彝族当代小说有什么不足，我觉得应该是突破原有的写作情怀与艺术感受上需要加强。现在的小说，最需要的就是走出去，让其他民族，乃至全世界的人类认识你的小说。如今社会飞速发展，被迫走出去，不如主动走出去。当然。我个人认为不管是民族的，还是世界的，首先应该是成功的，代表了一个时期内一个民族整体的精神高度与信仰的。在内心深处，我一直有这样的相信，但至于是否会挂满温暖的果实，于我的文学创作而言，其实才刚刚起步，谈不上有什么成就。我要走的文学道路还很漫长，所以也谈不上有雄鹰翱翔天空翩翩飞的感觉。

〔李云〕您稳重又谦虚。彝语是您的母语。最近我仔细阅读了您的长篇小说《阿了》，知道您是直接用汉语在写作，而汉语是您的非母语。我特别佩服那些用非母语写作的人。我不明白您怎么能把复杂的汉语运用到炉火纯青的地步？

〔英布草心〕任何一门语言你要熟练把握它或运用它都需要一番努力的，不管这门语言是母语还是外语。于彝语而言，单北部方言就有五大方言区，这五大方言区的发音与表达方式又有一定的区别。我这样说，主要是想说彝语虽是我的母语，并且我最初就是用母语进行文学创作的，但一些非主流的小地方方言我还是没有完全掌握的。汉语于我，其实也谈不上是外语。我从小就接触汉语，差不多可以说是第二母语。因为语言环境，当我开始用汉语进行文学创作时，其实基本没有语言阻碍。由于从小熟练运用彝语，当我开始用汉语创作时，首先第一个就是用彝语思维思考一番，看看这样表达是不是更合理、准确、诗意什么的。从这点上，当我用汉语创作，所表达出来的文字其实是穿越了两种语言模式，从而变成单属于我自己的一种模式。总体而言，这也不是什么特别的事，许多少数民族作家都有这样的表达体验。这样的表达体验，从速度而言，刚开始时肯定慢得多，但熟练了，或者习惯了，一切就渐渐变快了。

〔李云〕书中您描写了战争和爱情。有句话叫“战争让女人走开”。女人不喜欢战争，阅读时我避开了人类互相残杀的血腥场面，更爱读关于爱情的。您笔下的男女由爱情生发性爱或曰情色，他们或奔放激越或情意款款，无不淋漓尽致。作家描写这个是最考手艺的，稍不注意就滑向色情。您是怎么把握这个度的?

〔英布草心〕彝族青年诗人、评论家沙辉在我写的首部彝族魔幻现实主义长篇小说《玛庵梦》上这样说：庸俗小说和艺术小说的区别所在—— 艺术小说追求一种美感，庸俗小说在于一种对肉欲的赤裸裸的“挑逗”。两者的区别正如你是因为“裸体是最美的艺术”而欣赏，或收藏裸体画，还是因为你是低级趣味而观看或宣扬A级片。几乎所有大艺术家都试图对“性”进行成功而“伟大”的描绘，这是因为性不仅是美(人性美、母性美)的象征，更是因为它是我们(包括许多生物)的最初起源。所以，成功的性描写、魅力十足的语言，包括彝族歌谣和传说在内的彝族文化底蕴展现，成为这部小说“晋级”为优秀以致趋于经典的“三锅庄”型的支撑。对性的“嗜好性”描写，是对彝族性崇拜、性信仰、性文化的隐秘抒怀。它体现的是母性崇拜思想。关于“性”的描述和阐释，在彝族一些经书里是很普遍和赤裸的。我同意以上沙辉的观点，小说不是不能写“性”，主要是怎样把“性”写得更加唯美的问题。好的性描写，应该倾向于超越两性结合的唯美，让人读了后不会有那种龌龊的感觉。当然，这一切也得看读者，因为读者读成什么样，最终是读者说了算的，也是看读者个人的心态和审美趣味吧。

〔李云〕原来您是描写爱情的高手。书中人物对话也很精彩，为您点赞!

〔英布草心〕爱情不是人生的全部，但在人类发展史上却是个永远不老的话题。一部小说里若没有爱情，没有亲情，没有友情，什么情都没有，那么这部小说就算有一万个无比精彩的故事，再怎么高端也是美中不足的。一个写小说的人，如果不能写出三种以上的爱情，这个作者差不多是失败的。在描写爱情主题提升上，我还没有达到自己所想要的超越精神层面的高度，人物的对话也远远没有达到哲学的高度，这是我一直对自己不满意，也需要进一步提升或摸索的地方。

〔李云〕请您顺便向读者介绍一下《阿了》这部作品。您想通过它表达什么?

〔英布草心〕《阿了》这部小说以当下大都市年轻人扎尕拉为创作视角，记录了阿了山的彝族英雄夷莎多传奇的一生。“我”——扎尕拉——为了完成创作任务，来到了阿了山，认识了故事老人夷莎多。夷莎多从童年开始，讲了十六岁双亲被郭氏所杀，与长工的女儿阿荞一起组织夷莎家族打了八年冤家。八年里，他杀死了郭氏夫妇、郭二狼，躲过了胡哲的暗杀。他在组织人马进攻郭氏梁子并杀死郭大狼和郭三狼回返的途中，中了孟团长的埋伏，全军覆没。他被美丽的闽山所救，隐姓埋名与闽山母子生活在一起，最终还是被孟团长发现。孟团长派了兵丁前来追杀，他好不容易捡回一条命，却永远失去了闽山母子。他辗转反侧来到阿以村庄，在拉吉老者的帮助下杀死了孟团长。他在木则伙山遇到了沙沙，并产生了爱情。为了躲避战乱，他们涉过金沙江来到阿了山。他们在阿了山建了第一座房子。嘎达来到了阿了山。嘎达请夷莎多喝酒，奸污了喝醉了酒的沙沙，沙沙醒来后吊颈自杀。夷莎多为了报仇找到嘎达，开辟了夷莎路。阿了山因为夷莎路，人越来越多，后来发展成为一个村庄。他在阿了山发生的多次群落战争里一次次赢得胜利。三年后，金沙江南岸解放，北岸虽处于战乱，解放也指日可待。夷莎多迎接了阿了山工作团，并担任了副团长。北岸成立了古甘县，夷莎多担任了古甘县副县长。他带领阿了山民兵基干队一次次打退了前来围攻工作团的部落氏族反叛分子，救了刚参加工作的欧阳润。后来，他带领武装自卫队围剿了悍匪牧姿惹等，在胜利归来的路上开枪打死了前来帮忙的蔡虎，后来“我”才知道蔡虎就是嘎达。我希望借用小说中的两个男性人物，代表两种爱情观和价值观，也代表两个时代的主旋律，让爱情世界的美好和温柔与战争的残酷形成对比。在小说里，我借用大背景与小背景相互交错、相互照应的方式，突显了社会和时代的脉搏，为人物的命运交响乐发展提供了宏大的舞台。

〔李云〕我曾深入阅读过藏族作家阿来、彝族诗人吉狄马加、回族穆斯林作家张承志等等的作品。您和他们一样，用文本为读者提供了全新的阅读体验，不同的视觉、多彩的文化、莫名的神秘和独特的风情，无不彰显少数民族作家的创作优势。你们其实有大批粉丝，这，您知道么？

〔英布草心〕阿来大家都知道的，是中国目前最具才华的代表作家之一，吉狄马加的心胸没有几个诗人能及，张承志的小说深厚、实在，很有高度，我都很喜欢。因为我写的长篇小说有魔幻现实主义的色彩在里面，有些评论家说到我时，经常把莫言与加西亚·马尔克斯拿来与我比较一番，其实我知道自己与他们的距离还很遥远。他们是有很多粉丝，我也是他们的粉丝之一，但我不知道自己有没有粉丝。如果有那么几个对我欣赏的，我会无比高兴且感激的。

〔李云〕我就是您的粉丝呢。在我们这样一个多民族大国，文化的多元多彩丰富着我们的精神世界，您和您所代表的民族是其中可贵的一部分。我觉得您是从彝族阿了山飞出的一只雄鹰，是带着某种使命而来的，您觉得呢？

〔英布草心〕一个人来到这个世界上，本来就带有一种自己不知道的使命，并一不小心走上完成这些使命的道路。我是一个喜欢文字的人，两三天不用文字表达一下自己的内心世界就会感到空虚。从这点上讲，我不过是用自己喜欢的方式在过自己的日子，消磨那些来来去去的时光。如果在消磨时光的这一过程中，做了一点有意义的事，那是让我感到高兴或意外的事情，故也谈不上彝族阿了山飞出的一只雄鹰。

〔李云〕为您取得的文学成就高兴，祝愿您飞得更高更远!

〔英布草心〕谢谢祝愿！谢谢采访！

后记

龙泉驿，一个驿字，道出了她的古意和历史文化的厚重。

她还有一些别名: 在那桃花盛开的地方、成都锦城东、龙泉山、成都东山。

“中优”“东进”“中国制造示范区，现代生活品质城”，是她最新的定位。

这里聚居着20万客家人，他们是最勤劳、隐忍、智慧的一群，因不断迁徙和有商业头脑，号称“东方犹太人”。

这里桃花鲜艳，春光无限，瓜果飘香，是最美的一片天地。

这里是中国西部汽车城，每60秒钟生产一辆汽车。汽车像北方的糖葫芦一样，一串一串的，销往全国各地。

这里的“驿”文化、客家文化、桃花文化、汽车文化，闻名中外。

龙泉驿，我的爱。山青青，水碧碧，人杰杰，地灵灵。

这里生活着一群艺术家。

我有幸、有机会对他们做访谈，是工作安排，也是个人意愿。

能跟文艺家们接触、交谈，使自己也熏染上一丝文气，获得艺术之美、艺术之雅，是一桩快事。

为此，我花了一年多时间，拜访他们，欣赏他们的作品，聆听他们对艺术的高见和心得。之后所形成的文字不能描绘他们的全部，只是显示了他们的某一个细部、某一个侧面，希望更多的读者跟随我一道去发现他们、认识他们、了解他们，去欣赏他们所创造的艺术之美。

让艺术家走进人民，更接地气，更亲民；让民众亲近艺术、热爱艺术，受艺术熏陶。彼此亲密互动，相得益彰。我愿在两者之间做一个快乐的使者。

这些艺术的瑰宝，比桃花璀璨，比汽车持久，是人类的精神财富。它们和桃花、汽车等人类的物质财富一样，都是人们的劳动创造、聪明智慧的结晶，弥足珍贵，值得抒写和记载。甚至，这些精神财富更历久弥新，更能产生深远的意义，更能滋养我们的心灵，从而使我们活得更空灵一些、美感一些、艺术一些。

在龙泉驿，就文艺群体来说，不可谓不大。作家、美术家、书法家、摄影家、舞蹈家、音乐家、武术家、民间艺人，以及一大批爱好者、追随者，老年大学、市民艺术学校常年培养的文艺市民，少说也有10万之众。

文艺类市民越多，我们这个社会越风雅，格调越高，越充满文艺范，越真善美。

这也是龙泉驿区委区政府长期投入、着力打造、精心培植的结果。

我所采访到的，仅是少数，还有一些很优秀的文艺家隐藏很深，由于这样那样的原因没有采访到。挂一漏万是必然的。

希望还有机会采访更多的文艺家、文艺市民。

本书收录的26位文艺家，仅是龙泉驿区行政所辖范围内土生土长的，或移民而来在此工作、生活、定居的一小部分。

本书按年龄排序。年长者为尊。

在此，特别感谢中共龙泉驿区委宣传部、龙泉驿区文联的支持、指导。

不足不妥之处，望各位谅解。

李　云

2017年国庆节